U0139379

羅門創作大系〈卷七〉

《麥堅利堡》特輯

羅 門 編著

文史哲出版社印行

誠以這系列中的十本書，做為禮物，獻給同我生活四十年、在創作中共同努力、給我幫助最大的妻子——女詩人蓉子。

每當我讀她的「一朵青蓮」與「維納麗沙組曲」等詩，那是我同其他詩人都無法只靠技巧與文字所能寫的詩——那是在人類高次元的情思世界中、以特有的內在生命機能與心靈纖維，所編織的具體可知、可感、可見的「雅典」「純摯」與「高潔」的情境，蘊含有宗教性的虔誠，在開放的內心感應磁場中，我的感動確實是超越常情與私情的；純粹是站在「詩」與「人」溶合的「天地線」上，所引起的；也不必在此故意隱瞞，因而，我這十本書，便不只是獻給我親愛的妻子——王蓉芷，也是獻給我敬愛的女詩人——蓉子。同時更是獻給所有愛護與關心我的讀者大眾，給我更多的批評與鼓勵，

羅　門

序

我構想出這本書的動機，是前些日子，有些朋友到「燈屋」來聊天，他們對「麥堅利堡」這首詩頗爲激賞，又看到我給他們看的那許多有關「麥堅利堡」的資料圖片，尤其是數量不少的評論文章，他們便建議我可以出版一本有關「麥堅利堡」這首詩的專書。其實，這個構想，在幾年前已出現在我擬出版自己系列書的計劃中，這不只是因爲出版這本書的內容，於質與量，都已有出版的足夠頁數。而主要的，還是因爲這首詩，在我整個創作生命架構與心靈歷程上，凸現了至爲重大的意義：

㈠這首詩確定了我個人的創作觀與特殊的風格——詩人必須用「生命」非用「智識」寫詩；詩人必須向「生命」與「藝術」進行雙向投資。所以在詩創作世界的「藝術馬戲團」裡，我選擇的，不是要撲克牌、耍魔術、或者把一個人裝在箱內、左、右、上、下用刀用鋸亂鋸，最後人活著出來，虛驚一場……而是選擇高空飛人與走鋼索，將「生命」與「藝術」一同放在「眞實」的驚視的過程中，引起心靈顫動。「麥堅利堡」詩，便是緊緊抓住這一種創作意圖與企向，因而使我確認詩不只是一種遊戲與玩具；也不是用技巧與方法去追「智識與學問櫥窗裡的思想模型」，而是呈現具有深度美的「生命」。

㈡這首詩使我理解到戰爭、死亡、痛苦、悲劇甚至荒謬空無等在人類內心中所引發的深一層的生存意義及其戰慄性的美，是至爲嚴肅的。

㈢這首詩，是我創作幾個重大思想主題中表現「戰爭」主題的第一首詩，具有紀念性的意義。雖然後來寫的「板門店38度線」與「時空奏鳴曲——遙望廣九鐵路」兩首戰爭詩，較「麥」詩更具多面性與大幅度的展現，但畢竟「麥」詩的詩思較集中、凝煉、爆發力較強，揭露戰爭所引發的悲劇性與人道精神也較強烈；同時「麥」詩被評論的文章與相關資料，也已有足夠出一本專書的頁數。

㈣這首詩面對第二次世界大戰過後的中東之戰過後的巴基斯坦與以色列之戰過後的俄國與車臣之戰過後的相連的大小之戰，好像人類是一直不停地要互殺下去，它唯一能做的便是成爲：

(1)一面鏡子——

看上帝與人與槍炮不安的站在鏡子裡。

(2)一臺錄影機——

監視著一幕上帝也不敢編導與看的悲劇：

「他」用左眼擊打他的右眼
　　　　　　出淚
他用右眼擊打「他」的左眼

出淚
「他」用左心房擊打他的右心房
出血
他用右心房擊打「他」的左心房
出血
於是無數的「他」與他
左右眼都流淚
左右心房都流血
結果「他」與他
同是一個人

于一九九四年十二月

戰爭是人類生命與文化數千年來所面對的一個含有偉大悲劇性的主題。在戰爭中，人類往往必須以一隻手抓住「勝利」、「光榮」、「偉大」與「神聖」，以另一隻手抓住滿掌的血。當戰爭來時，無論是穿軍服、便服、學生服、童裝、嬰兒裝、吐乳裝，或是紅衣、黑衣聖袍，都一同要死在炸彈爆炸的半徑裡；可是戰爭過去，抓到敵人俘虜，卻又不忍心殺，可見戰爭的確是一幕上帝不編導也不忍心看的悲劇，而人往往必須站在血與淚裡看。

透過人類高度的智慧與深入的良知，我們確實感知到戰爭已是構成人類生存困境中，較重大的一個困境，因為它處在「血」與「偉大」的對視中，它的副產品是冷漠且恐怖的死亡。

「麥堅利堡」詩便是表現這一重大的悲劇主題。

（羅門）

羅門創作大系〈卷七〉

《麥堅利堡》特輯　目次

活動的立體空間狀態。

第一部份

麥堅利堡

FORT McKINLEY

麥堅利堡（FORT McKINLEY）美國軍人公墓位在菲律賓馬尼拉城郊
——紀念第二次世界大戰美國七萬將士在太平洋戰亡

麥堅利堡

羅門

超過偉大的
是人類對偉大已感到茫然

戰爭坐在此哭誰
它的笑聲　曾使七萬個靈魂陷落在此睡眠還深的地帶
太陽已冷　星月已冷　太平洋的浪被炮火煮開也都冷了
史密斯　威廉斯　煙花節光榮伸不出手來接你們回家
你們的名字運回故鄉　比入冬的海水還冷
在死亡的喧噪裏　你們的無救　上帝的手呢
血已把偉大的紀念沖洗了出來
戰爭都哭了　偉大它爲什麼不笑
七萬朵十字花　圍成園　排成林　繞成百合的村
在風中不動　在雨裏也不動

沉默給馬尼拉海灣看　蒼白給遊客們的照相機看
史密斯　威廉斯　在死亡紊亂的鏡面上　我只想知道
　　那裏是你們童幼時眼睛常去玩的地方
　　　那地方藏有春日的錄音帶與彩色的幻燈片

麥堅利堡　鳥都不叫了　樹葉也怕動
凡是聲音都會使這裏的靜默受擊出血
空間與空間絕緣　時間逃離鐘錶
這裏比灰暗的天地線還少說話　永恆無聲
美麗的無音房　死者的花園　活人的風景區
神來過　敬仰來過　汽車與都市也都來過
而史密斯　威廉斯　你們是不來也不去了
靜止如取下擺心的錶面　看不清歲月的臉
在日光的夜裏　星滅的晚上
你們的盲睛不分季節地睡著
睡醒了一個死不透的世界
睡熟了麥堅利堡綠得格外憂鬱的草場

死神將聖品擠滿在嘶喊的大理石上
給昇滿的星條旗看　給不朽看　給雲看
麥堅利堡是浪花已塑成碑林的陸上太平洋
一幅悲天泣地的大浮彫　掛入死亡最黑的背景
七萬個故事焚毀於白色不安的顫慄
史密斯　威廉斯　當落日燒紅滿野芒果林於昏暮
神都將急急離去　星也落盡
你們是那裏也不去了
太平洋陰森的海底是沒有門的

【註】麥堅利堡（Fort Mckinly）是紀念第二次大戰期間七萬美軍在太平洋地區戰亡；美國人在馬尼拉城郊，以七萬座大理石十字架，分別刻著死者的出生地與名字，非常壯觀也非常淒慘地排列在空曠的綠坡上，展覽著太平洋悲壯的戰況，以及人類悲慘的命運，七萬個彩色的故事，是被死亡永遠埋住了，這個世界在都市喧噪的射程之外，這裏的空靈有著偉大與不安的顫慄，山林的鳥被嚇住都不叫了。靜得多麼可怕，靜得連上帝都感到寂寞不敢留下；馬尼拉海灣在遠處閃目，芒果林與鳳凰木連綿遍野，景色美得太過憂傷。天藍，旗動，令人肅然起敬；天黑，旗靜，周圍便暗然無聲，被死亡的陰影重壓著……作者本人最近因公赴菲，曾與菲作家施穎洲，亞薇及畫家朱一雄家人往遊此地，並站在史密斯威廉斯的十字架前拍照。

民國五一年（一九六二）

「麥堅利堡」詩，被國際桂冠詩人協會譽爲近代的偉大之作，56年獲得該會榮譽獎及菲總統金牌獎。

CHINA POST FRIDAY, NOVEMBER 17, 1967

dependent.

Lomen's Poem Wins PLI Award

The Poet Laureate International (PLI) had cited "Fort Mickinley," a long poem by Lomen, as one of the great poems of the world.

Lomen, a well-known Chinese poet, was given this honor for the second time by PLI, an organization with a membership of 65 countries. He and his poetess wife Yungtze, were awarded the "Most Distinguished Literary Couple of China" title by the same organization last year.

Incribed in the award, a gold medal from President F. E. Marcos of the Philippines are the words "Lomen, cited for his great poem 'Fort Mickinley.'" The medal was received by Chinese Ambassador to Manila Hang Lih-wu on behalf of Lomen.

Lomen

Cited for his great poen " Fort Mckinley "

Gift from

Philippine President (1967)

Laurel Leaves

PAGE 6

LO-MEN OF CHINA

Aeronautical Center Director Lloyd Lane and NAAIS Dean, Rudolph Doering discuss some of his poetry with Free China's Han Jen-shun or "Lo-Men".

The talent of the artist, whether dealing in words or music or pictures, knows no barrier. For example, Han Jen-shun is a senior technician at Taipei Civil International Airport on Taiwan, but, more than that, he is also "Lo-Men," Free China's leading modern poet and a prominent critic on poetry in his own country.

Han Jen-shun, or "Lo-Men," was a recent student in the National Aircraft Accident Investigation School at the FAA Aeronautical Center in Oklahoma City. Part of his duties as an airman involve investigation of aircraft accidents.

Lo-Men began writing poetry in 1954; married Poetess Yungtze in 1955, and since that date the two have become known as the "Brownings of China." His wife, Yungtze, has published three books of poems. Some of her works have been translated into English, French, Japanese, Korean and Turkish.

Lo-Men won two awards in 1958...the Blue Star Prize, one of the Far East's most coveted prizes and the award from the Association of Chinese Poets. This year, Lo-Men and Yungtze were nominated as the "Distinguished Literary Couple of China" and received the Karta Award from the United Poets Laureate International and the Marcos medal of the Philippines.

Lo-Men's masterpiece is "MacKinley Fort" and has been translated into English, French, German, Hungarian, Japanese, and Korean. His "Four Strings of a Violin" was introduced with other famous international authors by the Literary Review of America in 1962.

"MacKinley Fort" was inspired by a visit to this famed Philippine Cemetery in 1962. More than 70-thousand soldiers are buried there. As Lo-Men says, "Its where War sits and weeps for the dead."

Here is Lo-Men's famed poem:

MACKINLEY FORT

What is beyond greatness . . . .
Is Man's sense of loss in the presence of greatness.

—Lomen

(Translated by Yu Kwang-chung)

Here War sits and weeps for the dead.
Seventy thousand souls sink to a realm deeper than sleep.

Cold is the sun, cold the stars and the moon,
Cold lies the Pacific, once seething and sizzling with plunging shells.

Smith, Williams, even glory stretches no arms to welcome you home.

Your names, telegraphed home, were cold than the wintry sea.

Betrayed by death, God is helpless about your helplessness.

The negative of greatness was developed in blood.
Here even War himself cries and greatness smiles not.

Thousands of crosses bloom into an orchard, a lily lane, unshaken against the wind, against the rain,
Silent to the gaze of Manila Bay and pale,
To the tourists' lenses. Smith, Williams,
On the confused lense of death, Where is the landscape often visited by youthful eyes?

Where was kept the records and slides of spring?
MacKinley Fort, where birds have no heart to sing
And leaves, no heart to dance around,
Any sound will stab the silence and make it bleed.

Here is a space beyond space, time beyond clock.
Here even the speechless grey horizon speaks more than the dead.

Sound-proof garden of the dead, scenery of the living,

Here, where God comes and also come the motor-cars and the town,

Smith and Williams will neither come for leave.
Motionless as a dial without a clock, sightless as the face of years,

In the darkness of high noon, in the starlessness of the night,

Their eyes are shut upon the seasons and the years,

Upon a world that never dies a complete death,
And a green lawn, green beyond my grief.
Here death reaps a rich harvest in the marble fields,

Where gaze the stars and stripes, timelessness and clouds.

MacKinley Fort, where white crosses dash on white crosses

As dash the white surfs against the Pacific coast,
Where a great bas-relief of compassion is silhouetted

Against the blackest background of black doom,
Thirty thousand stories are burning in white restlessness,

Smith, Williams, when sunset sets the mango groves on wildfire,

(Even God is ready to depart, and stars fall in a downpour)

You cannot go anywhere, anywhere.
There is no door to the grim bottom of the Pacific.

FORT McKINLEY

Lomen

(Translated by Yu Kwang-chung)

What is beyond greatness,
Is Man's sense of loss in the presence of greatness.

—Lomen

Here War sits and weeps for the dead.
Seventy thousand souls sink to a realm deeper than sleep.

Cold is the sun, cold the stars and the moon,
Cold lies the Pacific, once seething and sizzling with plunging shells.

Smith, Williams, even glory stretches no arms to welcome you home.

Your names, telegraphed home, were cold than the wintry sea.

Betrayed by death, God is helpless about your helplessness.

The negative of greatness was developed in blood.
Here even War himself cries and greatness smiles not.

Thousands of crosses bloom into an orchard, a lily lane, unshaken against the wind, against the rain,

Silent to the gaze of Manila Bay and pale,
To the tourists' lenses. Smith, Williams,
On the confused lense of death, Where is the landscape often visited by youthful eyes?

Where was kept the records and slides of spring?
MacKinley Fort, where birds have no heart to sing

And leaves, no heart to dance around,
Any sound will stab the silence and make it bleed.

Here is a space beyond space, time beyond clock.
Here even the speechless grey horizon speaks more than the dead.

Sound-proof garden of the dead, scenery of the living,

Here, where God comes and also come the motor-cars and the town,

Smith and Williams will neither come for leave.
Motionless as a dial without a clock, sightless as the face of years,

In the darkness of high noon, in the starlessness of the night,

Their eyes are shut upon the seasons and the years,

Upon a world that never dies a complete death,
And a green lawn, green beyond my grief.
Here death reaps a rich harvest in the marble fields,

Where gaze the stars and stripes, timelessness and clouds.

Mackinley Fort, where white crosses dash on white crosses

As dash the white surfs against the Pacific coast,
Where a great bas-relief of compassion is silhouetted

Against the blackest background of black doom,
Thirty thousand stories are burning in white-restlessness,

Smith, Williams, when sunset sets the mango groves on wildfire,

(Even God is ready to depart, and stars fall in a downpour)

You cannot go anywhere, anywhere.
There is no door to the grim bottom of the Pacific.

FORT McKINLEY

LOMEN

(to transcend greatness is when
mankind feels vague about greatness)

TRANSLATED BY
Dr. Angela Jung palandri

For whom does war sit to mourn
its laughter sank 70,000 souls deeper than sleep

the sun is cold　the stars and moon are cold
the war-broiled Pacific waves too are cold
Smith　Williams　the fiery glory strtches no hand to
receive you home
your names were sent home　colder than the seas entering winter
in the shriek of death.　you were doomed　what could God do

the great monument processed in blood
even war weeps　why doesn't greatness laugh
70,000 cross-flowers　fold into a garden
align into a forest
form a lilyfield
unmoving in the wind　unmoving in the rain
silent to the staring Manila Bay　pallid to tourists' cameras
Smith　Williams
on death-confused lenses　I only wish to know
where is the roaming place of your childhood eyes
where hide spring tapes and color slides
Fort McKinley　here birds do not sing.　leaves fear to move
any sound will　wound its silence to bleed again
space and space disjointed　time escapes time's measure
here more wordless than the gloomy horizon　eternal silence
beautiful soundless structure　the dead's garden
the living's landscape

God has come　tribute has come
cars and cities have come
Smith　Williams　but you neither come nor go
still as the dial without pendulum　oblivious of months
and years
in the sunlit night　in the starless evening
your blind eyes sleep in the seasonless sleep
waking a dying world
sleeping into ripeness is Fort McKinley's
grief-stricken green field

death has squeezed sacrifices into the screaming marbles
for the Stars and Stripes to see　for imortality to see
for clouds to see
Fort McKinley is the Pacific on land
its waves a stone forest

a giant bas-relief of cosmic grief
hung upon death's blackest　backdrop
70,000 stories consumed under restless white shivers
Smith　Williams
when the setting sun burns red the mango grove
Spirit will hurry away　all stars will fall
but you are going nowhere
the Pacific ocean-floor has no doors

FORT McKINLEY

Lomen

Translated by Julia C. Lin and John Shih

TO SURPASS GREATNESS
MAN MUST FEEL VAGUE ABOUT IT

For whom does war sit here mourning
its laughter sank 70,000 souls in a zone deeper than a coma

The sun turned cold so did the stars and the moon the bomb-broiled Pacific waves too
Smith Williams the festive fireworks and glory extended no hand to receive you home
Your names were shipped home colder than the sea at winter's turn
Amidst the uproar of death of your despair where was God's arm

Blood has cleansed this great memorial
even war weeps why doesn't greatness smile
70,000 flower-crosses enclosed in a park for a forest to be a lily-bound village
unmoved by the wind unmoved in the rain
somber to the stare of Manila Bay pale to the tourists' cameras view
Smith Williams on death's chaotic lenses I just want to know
where is the playground frequented by your childhood eyes
where springtime tapes and colored slides are kept

Fort McKinley here even birds refrain from chirping leaves fear to stir
silence will bleed when stabbed by any sound
Space dislocated time flees its keepers
here it is more mute than the dusky horizon endless silence
a beautiful soundproof chamber garden of the dead scenic zone of the living
God has been here tributes have arrived cars and cities too have come
But Smith Williams you neither come nor go
Stilled as the dial without a pendulum a clouded face of time
in the sunlit nights a the starless evenings
your blind eyes remain sleeping regardless of the season
sleeping to wake a world not completely dead
sleeping to ripen Fort McKinley's grieving green field

Death has piled sacrifices on the screaming marbles
for the raised Stars and Stripes to see for immortality to see for the clouds to see
Fort McKinley is the Pacific on land a wave-sculpted tombstone forest
a huge relief sculpture of universal grief hung against death's blackest background
70,000 stories consumed under restless white shivers
Smith Williams when the setting sun burns red the entire mango grove
God will rush off stars will drop
but you have no place to go
There dark Pacific ocean-floor has no door

(ABOUT THE POEM OF "FORT MCKINLY")

(1)

For Mckinley is a memorial dedicated to the 70,000 U.S. military casualties in the Pacific area during World War II. The U.S. goverment earected in the suburb of Manila 70,000 marble crosses engaved with the birthplaces and names of the dead solders, Very spectacularly and sadly displayed on a vast expanse of green lawn, the crosses portray the gallantry of the Pacific War and the dreadful fate of mankind. Seventy thousand colorful stories have been forever buried here. This world lies beyond the hustle of the cities. Here, emptiness trembles with greatness and uneasiness, and the birds in the woods are too freightened to chirp. The silence is so eerie that even God feels too lonesome to stary. The Manila Bay glistens from afar; the mango grove stretch endlessly; the scenery is so beautiful that it turns intl melanchaly. When the sky is blue and the flag flaps in the wind, one is overwhelmed with a sense of awe; when the sky turns dark and the flag is still, the world falls into silence and is covered by the shadow of death.....

(2)

War is a great tragic theme that human life and civilization have to face over thousands of years. During war, man has to hold with one hand "victory", "glory" "greatness" and "sacreadness", while with the other a handful of blood. this is a tragedy that God can neither direct nor watch, but for the sake of freedom, truth, righteousness and survival, mankind frequently cannot help but to accept war bravely. During war, people in all attire - in military uniform , in civilian clothes, in student dress, in baby clothes, in bib, in black, in red, in cardinal .... all would perish within the range of an exploding bomb. But once the war is over, we are too merciful to even execute the prisoners of war. Through human intelligence and deep-rooted conscenince, we come to realize that war is the greatest quandary of all quandaries in the survival of mankind, because it lies in the dichotomy of "blood" and "greatness", and its byproduct is frigid and horrenuous "death".

FORT McKINLEY

Lomen

(translated by: Foit hick)

Ce qui dépasse la grandeur
c'est que l'humanité se sente désemparée devant la grandeur

La guerre assise ici pleure qui
Son rire   a fait tomber soixante-dix mille âmes dans une zone
plus sombre que le sommeil

Froid le soleil   froides les étoiles   froidies les vagues
du Pacifique soulevées par le feu des obus
Smith   Williams   la gloire des fêtes de la victoire n'aura
pas tendu la main pour accueillir votre retour
Vos noms furent rapatriés   plus froids que l'eau de l'océan
qui entre dans l'hiver
Dans la clameur de la mort   votre condamnation   que fait Dieu

Le sang a lavé le monument de la grandeur
La guerre a pleuré   la grandeur pourquoi ne rit-elle pas
Soixante-dix mille fleurs cruciformes   ont fait un jardin
ont fait une forêt   ont fait un village de lis
Immobiles dans le vent   immobiles sous la pluie
Silencieux à la baie de Manille   pâle aux appareils
photographiques des touristes
Smith   Williams   dans les lentilles égarées de la mort
je ne veux que chercher
Le lieu où allaient jouer vos yeux d'enfants
Le lieu où demeurent la bande magnétique et les diapositives
en couleur du printemps

Fort McKinley   les oiseaux ne chantent plus   les feuilles
craignent de bouger
Tout bruit ferait saigner le silence ici
L'espace s'est disloqué   le temps a bondi des cadrans
Ici   plus muet que l'horizon de cendré   l'éternité sans voix
Belle chambre insonore   jardin des morts   promenade des vivants
Les dieux sont venus   les hommages sont venus
les automobiles et les villes sont venues
Mais Smith   Williams   vous ne venez ni n'allez
Arrêtés comme une horloge sans pendule   ignorant le visage
des années
Dans la nuit du soleil   l'abolition des étoiles
Votre sommeil aveugle privé de saisons
Eveille un monde où la mort ne penètre plus
Mûrit la pelouse si funèbrement verte de Fort McKinley

Le dieu de la Mort a empilé les offrandes dans le cri du marbre
Pour les montrer à la Bannière étoilée   les montrer
à l'immortalité   les montrer aux nuages
Fort McKinley est le Pacifique sur le sol l'écume pétrifiée
en une forêt de stèles
Le bas-relief du deuil de la terre et du ciel suspendu contre
le pan le plus noir de la mort
Soixante-dix mille histoires consumées dans un frissonnement blanc
Smith   Williams   quand le couchant enflammera les manguiers
sauvages
Les dieux se seront retirés   les étoiles tomberont
Et vous n'irez nulle part
Il n'y a pas de porte au fond du Pacifique

麥堅利堡被第三屆在美舉行的世界詩人大會主席卜納德博士翻譯成德文(DY. JENO PLATTHY)

Lo Men: MACKINLEY ERŐD

Ami nagyságon tul fekszik, az [illegible]
veszteség érzékelése a nagyság jelenlétében.
- Lomen -

A háboru ül itt és sir a holtakért.
Harmincezer lélek sülyedt az alvásnál mélyebb birodalomba itt.
A nap kihűlt, a hold és csillagok is,
A Csendes Oceán is, bár egykor fortyogott és sistergett a lövedékektől.
Smith, Williams, dicsőség nem nyujtja karját hogy hazafogadjon titeket,
Hazatáviratozott neveitek hidegebbek a téli tengernél.
Halállal megcsalva, reménytelenségeitek fölött Isten is tehetetlen.

A nagyság negativsága a vérben keletkezett.
De a háboru még zokog és nagyság mosolytalan itt.
Keresztek ezrei szökkennek virágzó kertekké, liliomos utté,
Széltől és esőtől meg nem érintetté.
Csendessé a Manila öböl pillantásában és sápadttá
A turisták fényképezőgépeiben. Smith, Williams,
A halál zavart lencséjében hol,
Merre van az a táj, melyet a fiatal szemek oly gyakran felkeresnek?
Hol őrzik a tavasz lemezeit és vetitett képeit?

MacKinley Erőd, hol a madarak nem kaptak szivet a dalhoz
Sem a levelek egy levonulo tanchoz,
S a legkisebb hang is döfés a csendbe és felvérzi azt.
Tér a teret áthágja, idő az órán tul megy.
Itt a szótlan szürke horizont holtaknál inkább beszél.
Hangbiztos kertje a halálnak, az élők tájképe,
Ez, hova az Ur jön és autók és a város,
Smith és Williams azonban nem jön és nem megy el.
S az mozdulatlan, mint órátlan mutatók, tekintetlen, akár az évek arca,
Déli verő sötétségben, az új csillagtalanságában.
Lezárnak zárva az évszakokra és évekre,
A világra, mely sohasem hal teljes halált,
S a zöld pázsitra, mely minden bánaton tuli zöld.

Itt gazdagon arat a halál a márvány mezőkön,
Ahol a csillagos lobogó, időtlenség és falbők bámészkodnak.
MacKinley Erőd, hol fehér kereszt keresztez fehér keresztet,
Ahogy fehér hullámtarajok csapják a Csendes Oceán partját.
Hol a részvét féldomborműve árnyékolódik ki
A komor végzet legsötétebb háttere ellen,
Harmincezer élet ég fehér nyugtalanságban,
Smith, Williams, amikor a napszállta a mangó ligeteket futótűzbe boritja,
Még az Ur is hajlandó távozni és a csillagok lezúdulni,
Ti azonban sehova sem mehettek, sehova.
A Csendes Oceán mogorva mélyéhez nincs kapu.

Magyarra forditotta: Platthy Jenő

Washington D.C, Febr. 24, 1966

Lo Men: MACKINLEY FORT

Was über die menschliche Würde geht,
Ist die Verlust des Verstandes in Gegenwart der Würde.
-Lomen-

Hier sitzt Krieg und beweint die Toten.
Dreissigtausend Seelen sinken in ein Reich tiefer als Schlaf.
Kalt ist die Sonne, kalt die Sterne und der Mond,
Kalt liegt der Pazifik, einst siedend und zischend mit niedertauchenden Kugeln.
Smith, Williams, nicht einmal Ruhm streckt seine willkommenden Arme aus.
Ihre nach Hause depeschierten Namen waren kälter als die winterliche See.
Verraten bei Tod, Gott ist hilflos über ihre Hilflosigkeit.

Das Negative der Würde war entfaltet im Blut.
Hier schreit sogar der Krieg selbst und die Würde lächelt nicht.
Tausende von Grabsteinen formen sich zu einem Baumgarten, ein Lilienspalier,
Unerschüttert gegen Wind und gegen Regen.
Stumm auf die Bucht von Manila starrend und bleich
Aufs Objektiv des Reisenden wirkend, Smith, Williams,
Im vermengten Auge des Todes,
Wo ist die Landschaft von häufig besuchten jungen Augen?
Wo sind die Vergangenheit und Frühlingsspuren aufbewahrt?

MacKinley Fort, wo die Vögel keine Lust zum Singen finden
Und die Blätter kein Herz zum Tanzen,
Jeder Laut erstickt die Stille und macht sie blutend.
Hier ist Raum über Raum, Zeit übertreffend die Zeit.
Hier sogar das sprachlose Grau vom Horizont sagt mehr als der To..
Schalldichter Garten des Todes, Landschaft des Lebendigen.
Hier, wo Gott kommt und auch die Autos kommen und die Stadt,
Smith, Williams werden weder kommen oder noch gehen.
Bewegungslos wie ein Zifferblatt ohne Uhr, blind wie das Antlitz des Jahres,
In der Dunkelheit des Mittags, in der sternlosen Nacht,
Ihre Augen sind verschlossen der Jahreszeiten
Gegenüber einer Welt, die nie ganz stirbt.
Und einer grünen Wiese, grün über jeden Schmerz.

Hier schneidet der Tod eine reiche Ernte in den Marmorfeldern,
Wo starrende Augen und Wunden, Endlosigkeit und Gewühl.
MacKinley Fort, wo weisse Kreuze gegen weisse Kreuze fallen
Wie die weisse Brandung an die Pazifische Küste prallt.
Wo ein grosses Flachrelief von Mitleid umschattet ist
Gegen den dunkelsten Hintergrund eines schwarzen Schicksals.
Dreissigtausend Leben brennen in weisser Unruhe.
Smith, Williams, wenn Sonnenuntergang versetzt Mango Haine in Wetterleuchten,
Sogar Gott ist bereit zu gehen und die Sterne beginnen niederzuströmen.
Man kann nicht entfliehen, nirgends.
Da ist kein Weg zum grimmigsten Grund des Pazifiks.

Uebersetzt von Jenő Platthy

「麥堅利堡」詩　民國六十年（一九七一年）選入日文版「華麗島」詩選集

マッキンレイの砦

（偉大を超越するのは
人類が偉大に對して既に茫然であるからだ）

ここに坐って誰のことを泣いているのか
戰爭は
あの笑い声は
七万の灵魂を眠りより深い地帶につきおとした

太陽が冷え　星も月も冷え
砲火で煮え滾つた太平洋の波も冷えた
スミス、ウィリアムズ
花火祭りの榮光さえも

手を伸ばして君たちの帰郷を迎え得ない
名ばかりが故郷に送り返されたものの
それは初冬の海より更に冷たく

死亡の囂しさの中で　君たちを救い得ぬ
神も何を言いえよう？

血は偉大なる記念を殘し
戰爭で皆泣いた　偉大なるもの
どうして笑えないのか
七万もの十字の花が　園をなし　林と並び
百合の村となってめぐる
雨の日も　風の日も
沈默を以てマニラ湾に臨み　蒼白く觀光客のカメ
ラに相對している
スミス　ウィリアムズ
棄れた死亡の鏡面で　私が知りたいのはただ、

君たちが幼き瞳を常に馳せらした遊び場
春のテープとスライドをかくした場所

マッキンレイの砦では　鳥も鳴かず
木の葉さえ動くのを恐れる
物音一つにもこの靜寂は血を流すのだ
空間と空間は絶緣し　時間も時計から逃れ去つた
ここは暗い地平線よりもひそやかで
永遠に声ないのだ
美しい無音の部屋　死者の花園　生者の觀光地
神現われ　敬意も示された　車も都会も来たが
スミス　ウィリアムズ
君たちは赤もせず去りもしない
軸心をとりはずした時計のように靜かで
歲月の顔も見えない
太陽輝く夜も　星消えた晩も
君たちの盲いた目は季節を分かたず眠っている
死にきれぬ世界に目覚め
マッキンレイの砦のひどく憂鬱な
草原に熟睡している
死神が聖なる品を叫ぶ大理石の上につみ重ねて
高らかにかかげた星条旗に見せ　不朽に見せ
雲に見せる
マッキンレイの砦は波が塑造した墓石、
陸上太平洋だ
死の黒い背景にかかる大き悲哀の浮彫だ
七万の物語りが白い不安の顫標で燒かれた
スミス　ウイリアムズ
夕陽が紅くマンゴ林に燃え広がったとき
神も急ぎ走らんとし　星も落ちつくすのに
君たちはどこにも行かない
太平洋の陰慘な海底に門はないのだからとて

「麥堅利堡」詩 民國六十一年（一九七二年）選入韓籍許世旭博士等主編的韓文版「世界文學選集（詩部份）」

메킨리 공묘(公墓)

진쟁이 여기에 앉아 울고 있다。
진쟁의 웃음은 七만 개나 되는 영혼을
여기 꽃잡보다 깊은 곳에 파묻어 놓았다。
태양도 차고 별도 차고 포화(砲火) 속을
들끓던 태평양(太平洋)은 차기만 하다。
스미드 윌리엄즈、 꽃꽃 뛰기던 영광도

너를 데리고 귀향할 수 없었다。
당신들의 이름은 고향으로 십리이 갔건만
겨울 바다보다 그렇게 차가왔다。
죽음의 소요 속에서 아무도 구해 주는 이 없고、하느님마저 입을 다물었다。

피의 흐름은 위대한 기념으로 응결하고
진쟁은 몸서리치게 울었어도 위대한 그것들은 표정을 잃었다。

七만 송이의 십자가 동산이 되고 밀림이 되고 백합촌(百合村)이 되었다。
바람 불고 비가 쏟아지도 그 자리에
부동자세인 채、 마닐라 해협을 치부으로 덮고、 관광개 카메라 앞에 창백해지는
스미드 윌리엄즈여! 죽음들만으로 문란해진 기울 위로
　　기기엔 당신들의 어린 눈망울이
　　오레오레 노닐던 곳、
　　　거기엔 봄날의 녹음 테이프와 체세
　　　슬라이드를 감아 두었던 곳。

메킨리 포오트! 새마저 울지 않는 곳、 나뭇잎
도 지네어 주춤하는 곳、 모든 소리는 여기
무시운 정적에 젤려 피를 토했다。

공간과 공간 시로가 절연되고 시간은 시계
바늘을 두고 멀리 도망쳤다。
여기 처처이 어두운 천지에서 인이를 잃었다。

신도 왔었고 화환도 왔었고 백시와 도회지도
왔었다。
스미드 윌리엄즈! 당신은 왜 오지도 가지도 않는가。
정지은 테엄을 빼비린 시침반(時針盤)
세월을 보지 못하는 얼굴
낮같은 밤、 별도 없는 밤
당신들의 먼 눈은 계절을 모르는 채
잠만 깊었다。
끝내 받지 못한 마음에서 깊은 잠이 깨었다가

메킨리 포오트 질푸르다 못해 다닥해진 초원(草原)
에서 잠이 무깁다。

사신(死神)은 명예를 걸치고、 아우성치는 대리석
위에 왁자글 붐비고 있다。
빛로 가득 찬 성조기(星條旗)를 위해、 불후(不朽)를 위해、 구금을 위해 지금 일굴을
갖는 거다。
메킨리 포오트에 비시위 물결이 유상(陸上)의 태평양을 이루었다。
이것은 한 폭의 명을 뒤었는 통곡의 부조(浮彫)、 죽음만 주렁주렁 길리이진 까만 배경。
七만 개 깊은 사인들은 백세의 진유에 불태워졌다。
스미드 윌리엄즈! 떠이지는 태양은 아득한
망과(芒果) 숲을 붉게 불태우고、
신도 제걸음 치며 돌아갔겠고 빈들도 다 졌겠다。
당신들만 남아 아무데도 가지 않는구료。
태평양 음산한 해지(海底)엔 문이 없다。

第二部份

FORT McKINLEY

麥堅利堡的回響

「麥堅利堡」在第一屆世界詩人大會上的回響

於民國五十八（一九六九）年同蓉子被選派爲中國五人代表團出席在菲律賓馬尼拉召開的第一屆世界詩人大會。

● 大會主席尤遜（Dr. yuzon）在開會典禮上曾當著數百位來自美國、蘇聯等五十多個國家代表，讚說：「羅門的『麥堅利堡』詩，是近代的偉大作品，已榮獲菲總統金牌詩獎」。

● 美國代表凱仙蒂·希兒（HYACILNTHE HILL）女詩人，是大會風頭人物。她的作品曾與美著名詩人龐德（EZRA POUND）、惠特曼（WALT WHITMAN）、金士堡（ALLEN GINSBERG）、康敏思（E.E. CUMMINGS）、狄更生（EMILY DICKINSON）等選入一九六九年在美出版的『THE WRITING ON THE WALL』詩選。她讀過「麥堅利堡」詩後，寫出她的感言：「羅門的詩有將太平洋凝聚成一滴淚的那種力量（LOMEN'S POETRY HAS THE POWER OF THE PACIFIC OCEAN DISTILLATE TO A TEAR）」。

Loman's poetry has the power
of the Pacific Ocean distilled
to a tear.
He is a man to watch, for
his future based on this
one poem seems assured....
Hyacinthe Hill

羅門的詩有將太平洋凝聚成
淚的那種力量；
由於這首詩，可證實他是一
個有可觀的遠景的詩人。

H。希爾
（本屆世界詩人大會桂冠詩人）

● 美國詩人代表高肯教授（W.H. COHEN）他也是這次大會的活躍人物。曾是美國大專學校的駐校詩人，於民國六十八年（一九七九）應聘來臺任政大客座教授，讀過「麥堅利堡」詩後寫出他的感言：「羅門是一位具有驚人感受性與力量的詩人，他的意象燃燒且灼及人類的心靈……我被他詩中的力量所擊倒。（原文：LOMEN IS A POET OF ASTONISHING FELLING AND POWER, HIS IMAGES SEAR AND BURN MEN'S BEING……COHEN WHO IS AUESTRUCK BY THE POWER OF HIS POETRY）。」

FORT MCKINLEY

這是「麥堅利堡」詩在世界詩人大會朗讀後，
來自世界各地詩人心靈中的迴聲。
（25-30 AUGUST 1969）

William Cohen
Illinois U.S.A.

for Lomen
a magnificent poet
from
Will "Bill" Cohen
who is awestruck
by the power of his poetry

Lomen is a poet of astonishing feeling and power. His images sear and burn through one's being. To meet and know him was worth my whole trip to Asia. He is a poet who is a poet who is a poet.

from
William Howard Cohen
in highest admiration

致羅門，一位輝煌的詩人；我被他詩中的力量所擊倒。

羅門是一位具有驚人的感受性與力量的詩人，他的意象燃燒且灼及人類的心靈，能遇見他與認識他，實已值回我整個亞洲之旅：他是一個詩人！他是一個詩人！

●美國詩人代表維廉・巴特（WILLIAM BARD）博士，他是美國德州詩協會主席，讀過「麥堅利堡」詩後，也寫下他內心的感言：「致羅門：非常感謝你詩的才賦深深地激動我的心靈。（To Lomen: For stirring my heart deeply with your gift of poetry my deepest gratitude）。」

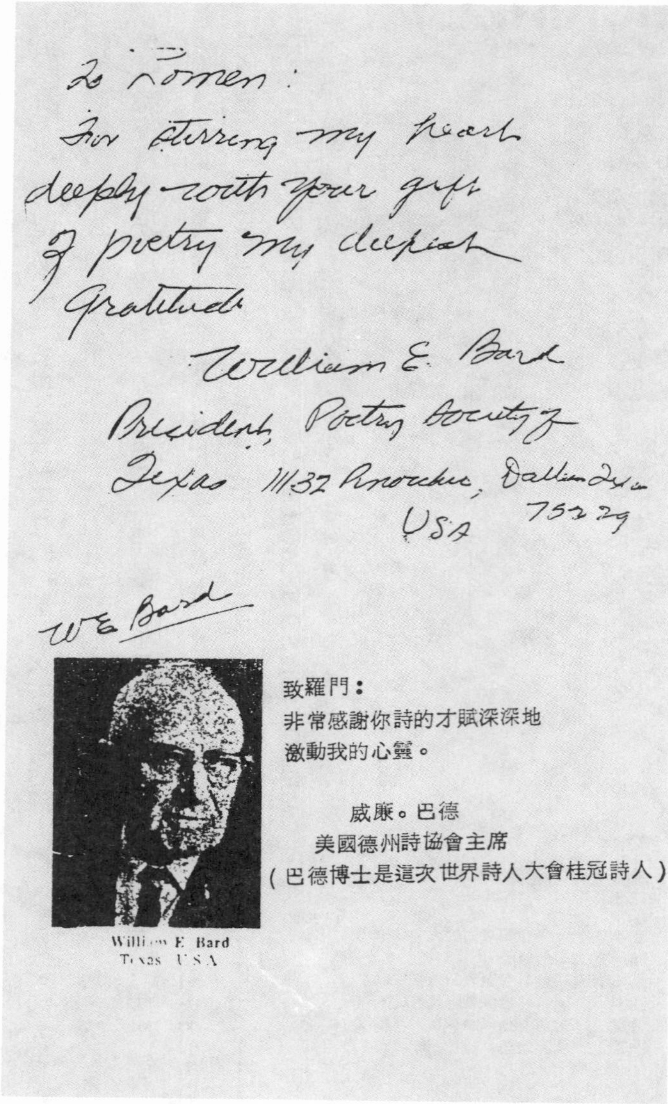

To Lomen:
For stirring my heart
deeply with your gift
of poetry my deepest
Gratitude
William E. Bard
President, Poetry Society of
Texas 11132 [illegible], Dallas Texas
75229
USA

W E Bard

William E Bard
Texas U.S.A

致羅門：
非常感謝你詩的才賦深深地
激動我的心靈。

威廉。巴德
美國德州詩協會主席
（巴德博士是這次世界詩人大會桂冠詩人）

●美國詩人代表李萊·墨焚（LEREY HAFEA）博士，在各國代表到馬尼拉近郊參觀「麥堅利堡」軍人公墓時，他提議由他朗誦羅門的「麥堅利堡」，並請大家於朗誦前向七萬座十字架默哀一分鐘，在低沉陰暗的天空下，讀完，至為感人，蘇聯四位代表，有向我表示致意的意思，但基於當時的政治環境，是無法彼此握手的。李萊·墨焚博士，寫下他讀詩後的感言：「李萊·墨焚能在麥堅利堡十字架間為世界詩人大會朗讀這首偉大的詩，使我感到光榮。」

（LEROY HAFEN WAS HONORED TO READ THIS GREAT POEM FOR THE WORLD CONGRESS OF POETS AMID THE ACROSES AT FORT KINLEY）

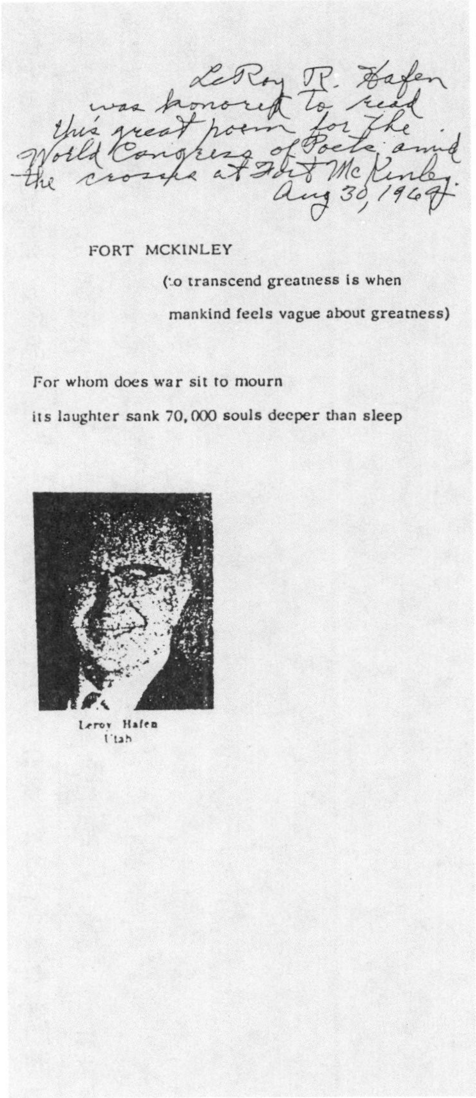
LeRoy R. Hafen
was honored to read
this great poem for the
World Congress of Poets amid
the crosses at Fort McKinley.
Aug 30, 1969.

FORT MCKINLEY

(to transcend greatness is when
mankind feels vague about greatness)

For whom does war sit to mourn
its laughter sank 70,000 souls deeper than sleep

Leroy Hafen
Utah

●在大會舉辦的世界詩人作品朗讀發表會上，高肯（W.H.COHEN）教授英文讀完羅門的「麥堅利堡」，接著由羅門本人以中文朗讀，讀完高肯跑上臺高舉羅門，並高喊：「It is A GREAT POEM」，接著主席尤遜對觀衆說：「羅門帶著偉大的東西到會裡來」。

詩人，詩評家讀『麥堅利堡』詩的部份評語

I

● **名學者文學批評家劉夢溪說**：「初讀羅門詩，我被驚呆了。完全是另外一種思維、另外一種意象、另外一種符號。彷彿是詩歌的天外來客，文學的陌生人。古往今來，弄文學的人是最沒有力量的。但羅門的詩崎嶇、輝煌，有無堅不摧的力量。在羅門的詩面前，人類變得渺小。「戰爭都哭了，偉大它爲什麼不笑」。《麥堅利堡》的這一詩句昭示出羅門創作的全部力量源泉，同時也是解開羅門詩歌之謎的一把鑰匙。中國文學裡有無眞正的史詩和悲劇，研究者爭論不休。沒有爭論的是，由於中國文化的特性，使得我們中國人向來缺少悲劇意識。現在有了——我們在羅門詩裡看到了，這便是羅門詩力量源泉的所在。而且不要忘記，從這裡出發，才有可能最終開闢出爲中國文化確立信仰之基的土壤。」（見文史哲出版社出版的《羅門蓉子文學世界學術研討會論文集》434頁）

● **評論家鄭明娳教授**曾在論文〈新詩一甲子〉中指出：羅門是當代中國詩壇戰爭主題的巨擘。（見一九八六年六月十四日自立晚報副刊）

● **詩人兼詩評家張健**對「麥」詩的佳評：「這首詩給予人心靈上一種肅穆的窒息感……，

這首詩是氣魄宏壯，表現傑出的；而且眞正地使人感覺到，自己讀了這首詩就如身歷了那座莊穆而能興起「前不見古人，後不見來者」的紀念堡。我不想引太多割截下來的佳句，因爲他正像「一幅悲天泣地的大浮彫」，作者在處理這首詩時，他的赤子之誠，他的對於歷史時空的偉大感、寂寥感，都一一的注入那空前悲壯的對象中，我也許可以武斷地說，這是年來詩壇上很重要的一首詩……羅門這首詩是時空交融，是眞正地受了靈魂的震顫的……」（見文史哲出版社出版的「門羅天下」論文集一二五頁）

● **詩人兼評論家林燿德**在論文「論羅門對於戰爭主題」中說：「……名詩人麥凱（J.MaC-rae）的『在梵蘭特戰場上』一詩，並未流入戰爭的本質……未能如羅門在『麥堅利堡』詩中，與神之間的辯證。……另覃子豪『棺材』一詩，以棺材的意象解剖戰爭的冷酷，但是未如『麥堅利堡』，在雄渾的氣勢下給予戰爭一個多歧義的問號，這個問號其實也是人類存在的答案……『麥堅利堡』是以巨視的觀眼去看被戰爭摧毀的生靈……筆者認爲羅門在戰爭文學的傳統上，繼承抗戰以降中國詩人人道主義的精神，並且在內涵以及表現手法上都有青出於藍的成就。」（見師大師苑出版社出版的「羅門論」論文集三八頁與三九頁與六一頁）

● **詩人王潤華博士**讀過「麥」詩，在文章中發表感想說：「英國詩人拉肯 P·LARKINS的『上教堂』是呱呱叫的作品，在倫敦被視爲最透視人類精神的，但我認爲比不上羅門的『麥堅利堡』……」。（見一九七一年「藍星年刊一〇七頁」。拉肯是英國現代著名詩人。）

● **詩人兼散文家陳煌**在「談羅門詩中的戰爭表現」論文中說：「……『麥堅利堡』仍如同羅門寫城市詩一樣，他帶著透視的批判性來表達戰爭詩的境界，叫人被懾於他的驚人感受力與龐沛的語言……。」（見文史哲出版主出版「門羅天下」論文集中二四五頁）

● **文藝評論家虞君質教授**讀了「麥」詩來信說「……我已讀了兩遍，我喜愛你的『麥堅利堡』，也許在不久的未來，我會發表一篇文字敘述我此刻讀完第一遍後的心靈的激動……。」

● **名詩人覃虹**在六十年八月廿三日寫給蓉子的信中說：「羅門『麥堅利堡』是一首偉大的詩……。」

● **傑出青年詩人苦苓**來信說：「『麥堅利堡』確是一首感人的鉅作……，你在國際詩壇的地位或者就建立於此吧！在此詩內使人被無比巨大的宇宙之生命的力量衝擊得無法自己，你的敏銳與架構能力確是不平凡的。」

● **名詩人菩提**來信說：「讀到『麥堅利堡』詩時，便對自己說：這下子羅門了不起了，你的詩人的情操，到『麥』詩，才眞正的表露出來，那是一首了不起的詩，尤其是在戰爭的夾縫中，能敢於如此澈底痛快、淋漓、壯麗、悲憫的表現出來，不是有幾十年道行的詩人，是辦不到的，包括他天生就是一個詩人在內。」

● **傑出青年詩人張堃**來信說：「你的『麥堅利堡』，被搬上中國文學史都不能有所置疑。」

● **菲律賓千島詩社社長兼辛墾文藝主編和權詩人**讀「麥堅利堡」來信說：「最近讀了國內

多位詩人以「麥堅利堡」爲題的詩作，比較之下我覺得你的「麥堅利堡」寫得最出色，給人印象最深刻，我昨夜重讀你的「麥堅利堡」，深受震撼呼過癮而拍桌叫絕。」

●**菲律賓詩人（世界日報副刊主編）雲鶴**來信說：「『麥堅利堡』詩是一首不朽的創作……
……。」

●**菲律賓女詩人謝馨**來信說：「練習背誦『麥堅利堡』詩時，常被詩中的字句激動的泣不成聲……羅門先生你的詩實在寫得太好了。」

●**大陸文學評論家古繼堂**來信說：「我既是您詩的研究者、讀者，也是您詩的崇拜者，您的許多詩作，尤其是《麥堅利堡》曾多次感動我，此次北京相會直接聆聽您的朗誦，眞是一種超級的藝術享受，我的淚水幾乎流下，是情感的爆發，是心心相印的證明。你離北京后，我久久不能平靜，您的音容笑貌，尤其是朗誦詩時激動的神志，深深的刻印在我的心中。」

●**名詩人張錯**早先在美國華大教比較文學時，曾講授羅門的作品，他在班上朗讀羅門的「麥堅利堡」時，引起很大的感動與反應（見他一九七一年七月五日的信：

上學期我在華大比較文學系任教一科「中、日、韓三國文學比較」，雖然我的身份是助教，但是談到中國詩時，教授還是請我上臺取其位而代之。在分組討論裏，我首先把羅門的「麥利堅堡」讀給他們聽，每一個有文學背境修養的外國學生都感動了……
……），第二次，我在班裏負責數達七十餘人的中國現代詩介紹，這次我唸了很多詩給他們聽，有余的（就余光中）、洛的（就洛夫）、你的、我的，最後我重唸「麥利堅堡」給他們聽，我唸得很慢，越覺得戰爭是一條走不完的路，沒有所謂「最後」的一課，可是鈴聲終於響了，在美國，我教書的經驗不算少（來了三年，有一年半是教書的），過去經驗，學生一聽下課鈴，如果想走便馬上站起來走出去，才不管你做教授的在臺上拼命講演，可是，這次每個人都感動了，沒有人站起來，我聽到我自己緩慢莊嚴的聲音（有時那種抖顫性竟令自己也害怕），於是我又想到燈屋，想到蓉子、想到羅門、想到那時我還是愛逃課出名的大學生，現在是上課最勤的博士班攻讀者，但一直還是那麼愛這首詩，這兒，足以證明出不單是感情喜愛的問題了，下課後，我清楚地看出中國詩搶盡日、韓詩的風頭。日文組的助教走來特別邀請我去她班裏花一個鐘頭介紹中國詩，那次，我讀了「鳥叫」、「都市之死」等等，事後，學生們向教授反映，說看了很多中國現代詩，開始時有點迷惘，但後來讀到羅門和我的詩（我在這兒似有高攀之嫌，但事實如此），卻像大海中兩個堅實的浮標。（At lest we ve got some yevetry!!）我的一個學生還寫了一張羅門的「都市之死」與James Merrill的〝An Urbon Convalescence〞的報告，我給她一個A。

II

北京大學謝冕教授看「麥堅利堡」詩

羅門他所展示的那片天空是開放的，他的視野和胸襟屬於世界。他是一個中國詩人，他的思維方式和審美趣味當然不會不是中國的。但羅門的好處恰恰是那種傳統的，古典的，山野的和中國士大夫的習氣在他身上的保留少到幾近於無。而那種國際性、世界性和現代的品質卻成爲了他的靈感和支柱，這就是此刻我們面對的這片僅僅屬於羅門的天空。

他的扛鼎之作是《麥堅利堡》。這是一首獲得了菲律賓總統獎的著名詩篇，也是代表羅門風格的最主要的作品。那一年羅門訪麥堅利堡，爲那一片寧靜和肅穆所震驚。他在此詩的後註中記述了當日參謁這個墓地時的感受，七萬個彩色的故事，是被死亡永遠埋住了。這裡的空靈有著偉大與不安的顫慄。

麥堅利堡　鳥都不叫了　樹葉也怕動
凡是聲音都會使這裡的靜默受擊出血
空間與空間絕緣　時間逃離鐘錶
這裡比灰暗的天地線還少說話　永恆無聲

這一片靜默的天空屬於羅門，屬於羅門那顆跳動的超越國界和時空的仁愛之心。他面對這個由七萬個十字墓碑組成的「悲天泣地的大浮雕」，面對死亡造成永恆的冰冷，面對那在風裡雨裡都不動的天老地荒的靜默，他不能不有如下的認知：「超過偉大的，是人類對偉大已感到茫然。」

《麥堅利堡》不是一般的和平或反戰的作品，人道精神加上對於生命哲學思考，成爲一股強悍的暴風呼嘯在麥堅利堡巨大悲壯造成的雄渾之中。僅有心靈的博大或思考的深刻不會產生大詩。羅門在這裡運用了嫻熟的藝術，極度渲染這碩大墓園驚人的靜默和冰冷。當一切都失去音響並陷入巨大無比的靜默時，死亡肆意的喧囂便突現了出來。當太陽和星辰都冰冷，甚至連太平洋那曾被炮火灼熱的海浪也都冰冷，面對那一片冰冷的十字架群，卻有一片爲人性的熱情所燃燒的詩心。羅門利用強烈反差對比使藝術的實現臻於至境。

中國幅員之廣大以及歷史的悠久深厚，易於造成一般詩人的文化心理自足狀態。中國詩人很難就此跨出一步，即使是曾經遠跡重洋的遊子，跨出之後也常收回那邁出的一步而重返那一種封固停滯的古典氛圍和情趣之中。因此中國新詩史上眞正進入世界的詩人並不多見，這就使我們饒有興味地面對羅門所展現的這一片奇異的天空。

羅門的天空遼闊浩大並不由於題材涉及的廣泛，而是他的文化心理的姿態。他的心裝容了世界，他用中國人的心靈去感知那個世界，因此浩大壯闊之中擁有了東方型的溫情和含蓄。

【註】本短文從《羅門蓉子文學世界學術研討會論文集》謝冕教授寫的〈羅門的天空〉論文中撰用有關評到「麥堅利堡」詩的部份。

■作者：北京大學教授、名學者、文學評論家。

海南大學周偉民教授看「麥堅利堡」詩

《麥堅利堡》，創作於一九六二年；這是一首以戰爭為主題的詩作，羅門此詩發表時，曾驚動整個詩壇。

戰爭的主題，是古而又古的；中國許多傑出的詩人，他們的詩作都離不開戰爭的主題。而生活在十九世紀中，後期的人們，對戰患苦難體會尤深。羅門生於一九二八年，經受了多次戰爭的磨難；戰爭悲劇成為詩人靈視下的重要問題，他以人類的良知對戰爭作多方面思考，他不是簡單地作歌頌或否定。他曾說：「戰爭是人類生命與文化數千年來所面對的一個含有偉大悲劇性的主題。在戰爭中，人類往往必須以一隻手去握住『勝利』、『光榮』、『偉大』與『神聖』，又以另一隻手去握住滿掌的血，這確是使上帝既無法編導也不忍心去看的一幕悲劇。可是為了自由、眞理、正義與生存，人類又往往不能不去勇敢的接受戰爭」②在羅門看來，人類生存中有四大困境，而由戰爭所構成的困境，是一個較重大的困境，「因為它處在『血』與『偉大』的對視中，它的副產品是冷漠且恐怖的『死亡』」。羅門對戰爭作理性判斷時，其基點是人類的人文精神和心靈上的良知；他的代表作《麥堅利堡》，正是這種理念所產生的悲劇感在藝術上的體現。一首《麥堅利堡》問世，震憾了國內外詩壇，而此詩也因此被國際詩人協會譽為近代的偉大之作，一九六七年獲得該會榮譽獎及菲總統金牌獎。世界詩人大會桂冠詩人H希兒讀《麥堅利堡》詩後說：「羅門的詩有將太平洋凝聚成一滴淚的那種力量。」臺灣的評論家們指出：「羅門是中國詩壇寫戰爭詩的巨擘。」①「這下子羅門了不起了，你的詩人的情操，到《麥》詩，才眞正的表露出來，那是一首了不起的詩，尤其是在戰爭的夾縫中，能敢於如此徹底痛快、淋漓、悲憫的表現出來，不是幾十年道行的詩人，是辦不到的，包括他天生就是一個詩人在內。」②

羅門選擇這一題材的緣起，是他一九六二年赴菲律賓觀摩民航業務，來到麥堅利堡這一著名的公墓。他在該詩後註特別記載這首詩的本事：

> 麥堅利堡（Fort Mckinly）是紀念第二次大戰期間七萬美軍在太平洋地區戰亡；美國人在馬尼拉城郊，以七萬座大理石十字架，分別刻著死者的出生地與名字，非常壯觀也非常悽慘地排列在空曠的綠坡上，展覽著太平洋悲壯的戰況，以及人類悲慘的命運，七萬個彩色的故事，是被死亡永遠埋住了，這個世界在都市喧噪的射程之外，這裏的空靈有著偉大與不安的顫慄，山林的鳥被嚇住都不叫了。靜得多麼可怕，靜得連上帝都感到寂寞不敢留下；馬尼拉海灣在遠處閃目，芒果林與鳳凰木連綿遍野，景色美得太過憂傷。天藍，旗動，令人肅然起敬；天黑，旗靜，周圍便黯然無聲，被死亡的陰影重壓著……

了解羅門寫這首詩的創作背景之後，回過頭來領略這首詩的內涵和特質，就不難發現，這首對美國陣亡戰士的禮讚的詩，爲什麼會產生如此驚人的感染力和令人折服的思想深度！

兩千多年前，中國有一首著名的戰爭禮讚的詩篇，即《楚辭》中的《國殤》，寫的也是戰爭與死亡的主題：

操吳戈兮披犀甲，車錯轂兮短兵接。
旌蔽日兮敵若雲，矢交墜兮士爭先。
凌余陣兮躐余行，左驂殪兮右刃傷。
霾兩輪兮縶四馬，援玉枹兮擊鳴鼓。
天時墜兮威靈怒，嚴殺盡兮棄原野。
出不入兮往不反，平原忽兮路超遠。
帶長劍兮挾秦弓，首身離兮心不懲。
誠既勇兮又以武，終剛強兮不可凌。
身既死兮神以靈，子魂魄兮爲鬼雄！

這是一首驚心動魄的戰地詩，拼死廝殺的戰鬪場面，全軍覆沒屍體棄於原野的殘酷慘烈，最後的無與倫比的「子魂魄兮爲鬼雄」的禮讚，這是中國「殺身成仁，捨己取義，神而明之，存乎其人」的傳統文化精神，血淚交迸的詩篇滲透人心。古老的詩篇《國殤》，所體現的思想是壯烈地爲國捐軀，死得其所。而羅門對七萬個戰亡的靈魂的思考，基於對「偉大的不朽」的哲理，讓人們理智地去面對戰爭所造成的窘境。正如他自己所說：「我是將人類從慘重的犧牲與恐怖的死亡中，接過來的贈品——「偉大與不朽」仍不被否定地留在那裏，然後叫人類站在悲劇命運的總結局上去注視它，去盯住那些沉痛與不幸的情景，所產生精神不安的戰慄，究竟是如何逐漸地超越與籠罩了『偉大與不朽』的光彩。」①羅門認爲自己的《麥堅利堡》詩是「人類內在性靈沉痛的嘶喊」，即使是正義的戰爭，在悲劇事件面前，「人也難免陷在極度的痛苦中，對一切事物感到茫然。」《麥堅利堡》詩的基調，就建立在這種歷史的時空的偉大感和寂寞感的複雜交錯之中。詩的開端引言：

超過偉大的
是人類對偉大已感到茫然。

他所抒寫的戰爭，比《國殤》所寫的壯烈場面更加深沉，詩人是在沉思一種生命的哲理，永恆的精神與死亡的矛盾：

戰爭坐在此哭誰
它的笑聲曾使七萬個靈魂陷落在比睡眠還深的地帶。

他著筆寫的是靈魂的戰慄，死亡與偉大的矛盾：

太陽已冷　星月已冷　太平洋的浪被炮火煮開也都冷了
史密斯威廉斯　煙花節光榮伸不出手來接你們回家
你們的名字運回故鄉　比入冬的海水還冷
在死亡的喧噪裏　你們的無救　上帝的手呢
血已把偉大的紀念沖洗了出來
戰爭都哭了　偉大它爲什麼不笑

文化心態的冷靜，使詩人在傳統文化的開掘中具有清醒透徹的現代意識，這是一種正視現實的文化描述，戰爭——死亡——偉大　它是殘酷的，也是肅穆的。

七萬朵十字花　圍成園排成林　繞成百合的村
在風中不動　在雨裏也不動

對戰爭，羅門以多維的眼光考察；不作片面歌頌其壯烈，而是透過戰爭之後墓地的冰冷和沉寂，借助冷靜莊嚴的理性態度，演繹了戰爭的禍害，激發人們制止戰爭的衝動，以一種沉靜的默想，進行人類生存的超越和永恆的思考：

麥堅利堡　鳥都不叫了　樹葉也怕動
凡是聲音都會使這裏的靜默受擊出血
空間與空間絕緣　時間逃離鐘錶
這裏比灰暗的天地線還少說話　永恆無聲
美麗的無音房　死者的花園　活人的風景區

羅門讓戰爭的悲劇置於時空中永恆無聲的境界，使人感受到心靈的顫動；詩人向犧牲者發問、撫慰，是一種無聲的悲愴，透視出「人類內在性靈沉痛的嘶喊」：

史密斯威廉斯　在死亡紊亂的鏡面上　我只想知道
那裏是你們童幼時眼睛常去玩的地方
那地方藏有春日的錄音帶與彩色的幻燈片

……

而史密斯威廉斯　你們是不來也不去了
靜止如取下擺心的錶面　看不清歲月的臉
在日光的夜裏　星滅的晚上
你們的盲睛不分季節地睡著
睡醒了一個死不透的世界
睡熟了麥堅利堡綠得格外憂鬱的草場

無聲的愛撫，無聲的悲慟，凝聚了太平洋的空間。羅門要在戰爭中尋找人類生存的價值，最後把麥堅利堡的詩意推向高潮，在那「白色的不安的顫慄」之中，抒寫戰爭與死亡給予人類心靈的創傷。他以人道主義的精神，呼叫人類制止戰爭，爭取永久和平的重大意義：

死神將聖品擠滿在嘶喊的大理石上
給昇滿的星條旗看　給不朽看　給雲看
麥堅利堡是浪花已塑成碑林的陸上太平洋
一幅悲天泣地的大浮彫　掛入死亡最黑的背景
七萬個故事焚毀於白色不安的顫慄

最後，詩中又重複三次呼喚死者的代表（因詩人恰好站在他們的墓碑前）的名字，表示詩人深沉的悼念：

史密斯威廉斯　當落日燒紅滿野芒果林於昏暮
神都將急急離去　星也落盡
你們是那裏也不去了
太平洋陰森的海底是沒有門的。

這是一首感人肺腑的詩篇，詩中所描述的墓地的意象，讓讀者感到一種偉大與不安的戰慄，而對七萬個被死亡緊壓在麥堅利堡的十字架下的悲慘故事，使人們黯然神傷，激發起更深刻的反思。

羅門寫了一篇《〈麥堅利堡〉詩寫後感》，記敍他寫這首長詩時心靈的奧秘，以及對詩的構思線索。他指出，現代詩人們往往熱衷於追找一種戰慄性的「心感」活動，它是一種富於現代精神奧秘感的東西，有極大的誘惑力，而且極端的自由，不受觀念與理念世界的束縛，也不受學問與智識的拖累，更不受主知或主情等無關緊要的問題干擾；它是詩人內在『心感』的全面展望，純粹精神往來的佳境。「《麥堅利堡》詩便是在心理與意識都來不及設防的情況下、觀念還未張目之前、便去將這個『戰慄的性靈世界』擒住不放的作品。這個『戰慄的性靈世界』，原來便是躲在麥堅利堡那『偉大』與『不朽』的紀念裏邊，被死亡、空漠、冷寂的力量控制住，被我們習慣上的歌頌遮蓋住，最後終也被我內心的透視力，將它奧秘中的眞境全部揭露出來。」

那麼，羅門怎樣表現這個「奧秘中的眞境」，把握全詩中戰慄感的氣氛？如何去控制「

死亡」與「沉痛」在詩中的活動力？如何使每一句詩都沉浸在強烈的悲劇性中，使全詩產生出整體性的精神戰慄感呢？羅門在解決這些藝術難題時，他是採取具悲劇感的意象與投射的藝術手段，如「戰爭坐在此哭誰」，「在死亡的喧噪裏、你們的無救、上帝的手呢」，「血已把偉大的紀念沖洗出來」，「死神將聖品擠滿在嘶喊的大理石上」，「七萬個故事焚毀於白色不安的顫慄」。這些詩句，都充份表現了悲劇的顫慄性；同時詩人又從其他幾個不同的角度來使顫慄性如何繫動人類的心靈。首先他注重時間的顫慄性，他把握住「人透過沉痛的感受對過去與未來，已感到時間的戰慄與茫然」這一點來表現主題，如「在日光的夜裏星滅的晚上／你們的盲睛不分季節地睡著。」；其次是空間的顫慄性，詩又把握住「那個被死亡感覺重壓下的靜態世界，使精神活動在可怕與絕對的寂寥感裏，發覺到空間的茫然與戰慄。」如「七萬朵十字花圍成園　排成林　繞成百合的村／在風中不動在雨裏也不動。」如「美麗的無音房　死者的花園　活人的風景區」，「麥堅利堡是浪花已塑成碑林的陸上太平洋／一幅悲天泣地的大浮彫　掛入死亡最黑的背景。」；再次是時空交感的戰慄性，詩人「注意詩中由始而終所產生出逐漸增強的悲劇氣氛，以及在它交感的情景裏那不斷向極點醞釀與擴展的『沉痛』是帶著如何一種不可抗拒的默擊力，佔領了廣闊深遠的悲劇世界」。如「它的笑聲曾使七萬個靈魂陷落在比睡眠還深的地帶」，「史密斯威廉斯　當落日燒紅滿野芒果林於昏暮／神都將急急離去　星也落盡／你們是那裏也不去了。」最後是悲劇、時間、空間交感成《麥堅利堡》詩中全面性的戰慄世界。羅門總結自己使用的藝術手段與表現形式，深有感觸地談到他創作時的思考，他認爲，當他在創作時，「必須使自己成爲『悲劇氣氛』優良的製造者」，在詩的凝成時，如何把握「時空、永恆陷在沉痛的昏迷中」，如何控制「被死亡絕緣了的無聲世界的空漠感及寂寥感」，如何將悲壯的麥堅利堡裝入莊嚴的悽切感之中，如何使每句詩都形成爲墓地裏的落葉聲，驚動死亡的世界之耳；如何使詩的意境都形成爲冬夜裏遙遠的寒星，俯視死亡世界之目；如何使全詩悲劇的「氣氛建築」逐漸向最高的頂點造起來——①詩人坦露了《麥堅利堡》詩的創作心理與精神，他在心感活動中，緊握住精神交互的縱橫面，把握住戰爭的殘酷本質，從時間、空間以及時空交感的戰慄性的不同層面，揭示戰爭的悲劇世界。

這時候的羅門，已完全跨入詩國的藝術之宮，他已完全脫去《曙光》時期的浪漫的抒情，成爲一位具有悟知性與無限潛力的且能夠駕馭深沉藝術魅力、把握多種藝術技巧和捕捉深刻現實生活內容的成熟的詩人，他在詩的創作上所獲得的成功，已令國際詩壇爲之矚目了。

【註】本文從周偉民教授與唐玲玲教授合寫「日月的雙軌——論羅門蓉子」一書中，撰用有關評「麥堅利堡」詩部份。（作者：前海南大學文學院院長、文學評論家）

詩評家林燿德看「麥堅利堡」詩

〈麥堅利堡〉是羅門一九六七年獲菲總統金牌獎的作品。副題：「超過偉大的／是人類對偉大已感到茫然」，已經點出了全詩的「意旨」。

這首詩誠如張健在〈評三首麥堅利堡〉（《聯合副刊》，一九六二）所指出：「……它正像『一幅悲天泣地的大浮雕』！作者在處理這首詩時，他的赤子之誠，他的對於歷史時空的偉大感、寂寥感，都一一的注入那空前悲壯的對象中。」

全詩僅三十五行，從語意的掌握、情節結構的採樣到敘述結構的建立，一氣呵成：

戰爭坐在此哭誰
它的笑聲　曾使七萬個靈魂陷落在比睡眠還深的地帶
太陽已冷　星月已冷　太平洋的浪被炮火煮開也冷了
史密斯威廉斯　煙花節光榮伸不出手來接你們回家
你們的名字運回故鄉比入冬的海水還冷
在死亡的喧噪裏　你們的無救　上帝又能說什麼

血已把偉大的紀念沖洗了出來
戰爭都哭了　偉大它爲什麼不笑
七萬朵十字花　圍成園排成林　繞成百合的村
在風中不動　在雨裏也不動
沉默給馬尼拉海灣看　蒼白給遊客們的照相機看
史密斯　威廉斯　在死亡紊亂的鏡面上　我只想知道

那裏是你們童幼時眼睛常去玩的地方
　那地方藏有春日的錄音帶與彩色的幻燈片

麥堅利堡　鳥都不叫了　樹葉也怕動
凡是聲音都會使這裏的靜默受擊出血
空間與空間絕緣　時間逃離鐘錶
這裏比灰暗的天地線還少說話　永恆無聲
美麗的無音房　死者的花園　活人的風景區
神來過　敬仰來過　汽車與都市也都來過
而史密斯威廉斯　你們是不來也不去了
靜止如取下擺心的錶面　看不清歲月的臉
在日光的夜裏　星滅的晚上
你們的盲睛不分季節地睡著
睡醒了一個死不透的世界
睡熟了麥堅利堡綠得格外憂鬱的草場
死神將聖品擠滿在嘶喊的大理石上
給昇滿的星條旗看　給不朽看　給雲看

麥堅利堡是浪花已塑成碑林的陸上太平洋
一幅悲天泣地的大浮彫　掛入死亡最黑的背景
七萬個故事焚毀於白色不安的顫慄
史密斯　威廉斯　當落日燒紅滿野芒果林於昏暮
神都將急急離去　星也落盡
你們是那裏也不去了
太平洋陰森的海底是沒有門的。

首段擬人化的「戰爭」出場，藉現場的「哭」與當年殘害生靈的「笑」在時序上的對比，使得短短兩行詩產生「時間化」（temporalization）的綿延效果；「七萬個靈魂陷落在比睡眠還深的地帶」進一步爲麥堅利堡（Fort Mckinly）的七萬座大理石十字架做出超越形象的本質詮釋。

以下的部份，羅門連續地提出詰問：「在死亡的喧噪裏／你們的無救／上帝又能說什麼（收入一九八四年洪範版《羅門詩選》的版本，末句改爲「上帝的手呢」）」、「偉大它爲什麼不笑」、「那裏是你們童幼時眼睛常去玩的地方」——由理智和情感交融的「詰問行動」（act of questioning）在羅門的戰爭詮釋中經常出現；依海德格的觀點，人一定要通過詰問而成爲一個歷史存在，才能建立自己；同樣地，羅門透過這些詰問，試圖在戰爭中找尋人類（不論是沉淪在泥土下的「史密斯威廉斯」、或是站在麥堅利堡前的自我）的存在與定位。

全詩的主要人格是「戰爭與死亡二而一的擬人化」與代表著七萬死者的史密斯與威廉斯，還有潛伏在語言背後的「上帝」（也就是被詰問的客體），透過作者的調度，提示他們之間微妙而無奈的聯結。而麥堅利堡的「七萬朵十字花」、馬尼拉灣外「太平洋陰森的海底」、冰冷的太陽與月亮，共同締造了融合時空的外在景觀，令人想起麥凱（J. Ma Crae）的〈在梵蘭特戰場上〉：

在梵蘭特戰場上，罌粟花開
在十字架之間，一排又一排，
　標誌著我們的墓位；在天上
　雲雀羣仍勇敢地高唱，飛翔
依稀幾難聞達砲響的下界。
我們是死者。幾天前的剛纔
我們還活著，感朝暾，看夕靄，
　愛人，也被愛；如今我們長躺
　　在梵蘭特戰場上。
請承繼我們與敵人決勝敗：
我們漸弱的手向你們投來
　這火炬；願你們擎起高揚。

你們如違我們死者的信仰，
我們將難安眠，雖罌粟花開
在梵蘭特戰場上。

但是〈在梵蘭特戰場上〉一詩並未深入戰爭的本質，「這火炬；願你們擎起高揚。／你們如違我們死者的信仰，我們將難安眠」，麥凱將其感情孤注於死者對於勝利的信仰上，未能如羅門在〈麥堅利堡〉中爲戰爭價值反覆地進行著人與神之間二元對立的辯證。

另舉覃子豪〈棺材〉一詩爲例：

大的棺材
小的棺材
白色的棺材
黑色的棺材
裏面裝著受難者不全的屍首
擔架隊，紅十字隊呀
你們從火葬場中出來
把無辜的死者抬到那兒去呢？
是抬到廣大的墳場去
或是抬到法庭去控告呢？

假如人類有正義的裁判
請你不要忘記揭開死者的棺木

覃子豪以棺材的意象解剖戰爭的冷酷，也觸及到存在的呼喚和回應，但是結尾二句的命題顯得過份直接，失去隱喻耐思的趣味。〈麥堅利堡〉的末段，則能夠在雄渾的氣勢下給予戰爭一個多歧義的問號，這個問號其實正是人類存在的答案所在。

【註】本文從林燿德寫「羅門論」一書的「論羅門的戰爭詮釋」論文中，撰用有關論「麥堅利堡」詩的部份（作者：詩人、評論家、設計家，並從事小說，散文與戲劇等創作。）

Ⅲ

結構宏偉的名篇〈麥堅利堡〉

公　劉

我讀《麥堅利堡》，只覺得彷彿自己走進了宇宙的深處，只感到前無古人，後無來者，無邊無涯的寥寂和蒼涼，只感到周身每一個毛孔都充溢著凜然的肅穆，但那並非壓迫，更不是窒息，相反，倒有一種徹底解脫的大痛快！像這樣一種感覺，是我幾十年讀新詩時絕少體驗到的。感謝羅門先生，是他，截至目前爲止，也只有他，如此逼近、如此眞實、如此充沛、如此本色、如此完美地正面詮釋了直到今天仍舊在人類生活中肆虐的大怪物——戰爭。還從來不曾有過哪位詩人，像羅門先生這樣，鑽進戰爭的肚子裡，諦聽戰爭的咒語，方得以盡揭戰爭的秘密，而不耽於一味的禮讚或唾罵。這說明了詩人的超然脫俗。它使我聯想起羅門先生提倡的「第三自然」說。「第三自然」，是羅門先生在詩歌理論方面的一個具有穿透力的著名論點，我完全同意這個論點。我相信，《麥堅利堡》，正是「第三自然」理論的一次成功實踐。

有人說，《麥堅利堡》，在詩人筆下帶有批判的鋒芒，對此我不能苟同。我覺得，不是批判，而是清醒的自省，全人類的自省，像教徒跪在懺悔室外向神父作的喃喃自語，像夜半醒來時的捫心自問，也是全人類對人性的再一次確認，對人道主義精神的再一次宏揚；一個詩人，代表全人類發言，談何容易！倘若沒有特別強大豐沛的人類意識，任誰也只好望而卻步的。

不妨拿我自己現身說法，同羅門先生作個比較。我自信，如果不是爲客觀所局限，我本來是可以進行更爲理想的比較的。然而，我很慚愧，儘管我有過行伍生活，也寫過一些反映戰爭題材的詩，但我沒有《麥堅利堡》，我不可能有《麥堅利堡》。以一九七九年的那場中國——越南邊境戰爭爲例。當時，我已離開軍隊二十多年了，竟又被派往前線，去歌頌這場戰爭的正義性。

我想講一個屬於我自己的《麥堅利堡》式的故事。中國軍隊從越南境內撤兵之際，我去到距越南邊界不到十五公里的金平縣城，城與山相連，而山已成了一個大墓園，是中國軍隊的烈士公墓之一。它不像「麥堅利堡」，只是密集地插著一些木板，木板上草草寫明死者的姓名、籍貫、年齡、兵種和軍銜（有的連這些都不全）。我站立之處，木板上的姓名恰恰是我熟悉的，他的事跡我也了解，而且我認識他的父親——一個一九五七年無辜受難的「右派」。離他的墳墓不遠，還長眠著一個地主的後代，此人是安徽六安地區的新兵，入伍不到半年。我本來也掌握了他的有關線索，但我不忍去作採訪。這是怎麼一回事？有這麼多「反革命」的後裔混入了革命軍隊？這裡有一個大背景必須交代清楚，即：「文化大革命」期間，千百萬知識青年被動員「上山下鄉」，「接受再教育」；而軍隊是天然的「左派」，很吃香，又可以逃避「插隊」，所以，凡有「關係」者，都「光榮參軍」了；到了七十年代末期，中越邊境開始出現緊張局面，事情便顚倒過來，能「走後門」逃避兵役的，一般都上別的地方「

爲人民服務」去了，於是，便出現了上述的罕見情況。

事有湊巧，臨上飛機來海口的頭一天，我收到了北京大學教授段寶林先生贈的一本新書——《當代諷刺歌謠》，匆匆瀏覽一遍，正好發現了一首題名《路路通》的民謠，對上邊我談到的情形，普通老百姓是怎麼看的？它可以提供一個旁證。且引用如下：

上山下鄉他穿軍裝
打倒「四人幫」他進學堂
對外開放他去留洋
經濟改革他去經商
不讓經商他把官當

這就是大陸「麥堅利堡」裡的反常現象之所由來。

由於對第二次世界大戰的性質，世人已有共識，麥堅利堡便成了自由與奴役、民主與法西斯極權生死搏鬥的象徵。犧牲在太平洋戰場上的七萬個史密斯、威廉斯，儘管他們的人生十分短暫，但各人的故事最後畢竟都能歸結、消解於花環之中。金平山上的烈士公墓就不同了，它所包涵的內容，恐怕要複雜得多；比方說，我剛才提到的那個「右派」之子，和那個地主之孫，難道他們不是背負著某種「原」罪感戰死沙場的嗎？何況，這場持續十年左右的「邊境衝突」，兵戎相見的雙方本來是意識形態相同的「同志加兄弟」！面對這樣的墓園，我的悲慨莫名，就甚至不是用「思維萬千」四個字所能形容的了。這場戰爭的眞相，已經隨著時局的演變而愈來愈清晰，我相信，總有一天，它會完全大白於天下。我不具備羅門先生享有的一切，我也害怕「資產階級和平主義」一類的大帽子，只好爲那位「右派」的兒子寫一篇散文《酒的懷念》，借著中秋節月圓人不圓發些感慨；其他一些詩，更停留在市民式的淺俗層次，一味斥責越南統治者「恩將仇報」。應該說，我實在看見了一個比麥堅利堡還麥堅利堡的麥堅利堡，但我寫不出《麥堅利堡》。才能和功力且不去說它，我的歷史感和人類意識，縱使不下於羅門先生，又如之何！

回過頭來，集中談羅門先生的長詩《麥堅利堡》，歸結到一點，即：《麥堅利堡》是眞正純淨的歷史感的化身，它未受任何磁場的干擾，它體現了一個詩人，一個有現代感的詩人，站在人性和人道主義的立場上，所觀察、所體認、所感受、所轉化、所昇華的歷史張力。這種歷史張力，其實也是生命張力。因爲，所謂的現代，正是明天的「歷史」，而所謂的歷史，又正是過去了的「現代」。它既與詩人的博大胸懷同在，便不能不擁有眞理的品質，不能不帶有「剪不斷，理還亂」，莫可奈何的宿命色彩，不能不發散形而上的氣息，不能不頻頻搖撼讀者的靈魂與良知。古往今來，描寫戰爭主題的詩歌不可謂少，但能超過《麥堅利堡》的卻眞的不多。基於此，我願作出我對它的總體評價：羅門先生的《麥堅利堡》一詩，必將與麥堅利堡本身一樣不朽。

【註】本文從《羅門蓉子文學世界學術研討會論文集》公劉寫的論文〈詩國日月潭〉中特別撰用其談論「麥堅利堡」詩的部份。

■作者：詩人、作家，曾任安徽大學文學院院長。

無／有門的門——臨界生死界的空茫

——讀羅門的《麥堅利堡》

戴維揚

一九六二年羅門赴菲觀摩民航業務，參觀馬尼拉近郊紀念第二次世界大戰期間七萬美軍在太平洋地區戰亡的英雄塚——「麥堅利堡」（Forth McKinly），詩人立刻感受「這裡的空靈有著偉大與不安的顫慄」，寫下同名的詩而飲譽國內外文壇。將近三十年後（一九九〇）「重量級詩人羅門」重遊舊地，並且寫下了〈一直躺在血中的「麥堅利堡」〉發表在「聯合文學」，似乎力道有別前詩「麥堅利堡」那般堅、利；青春創發的生命如麥粒出入死亡的衝力；令人「肅然起敬」的死堡也漸漸失去吞吃生者的致命吸引力，以致於後來寫的這篇詩比較少有人如前詩般熱烈討論。然而後詩的凝煉就非一般人所能透解：

滿目白茫茫的十字花
在風雨中開
越開越白
越白越茫
其實一直躺在血裡的麥堅利堡
只是一片白茫茫永遠死不了的死亡

一盆開在時空之外的盆景

要放　只能放在上帝的窗口

羅門就死後的世界用了白描「透明」兩個字（在「窗」和「飛」詩），或「白茫」一筆帶過，他眞正關心的仍是在生死邊緣地帶，掙扎，糾纏的人世空間。正如他的「燈屋」焦點在「生活空間環境的美化」而不是宗教家皈依的「青燈」。詩人仍隨著歲月的凝煉漸進老僧禪定爐火純青的化境。

1962當詩人滿腔熱血地拜訪七萬個剛剛冷冰的亡魂，那種衝擊好像打好火熱的鋼劍突然放進冰水滋滋乍響，痛徹心扉。詩人明知：「太平洋陰森的海底是沒有門的」，他仍想爲門那邊封在冰冷大理石的亡魂「嘶喊」，以血肉之軀，詩人的個體body向整排死硬的「戰爭機體」（body politic）抗議。詩人並未被「現場性的抗戰景況」「佔領」「詩人的詩心」而企圖向「死不透的世界」「綠得格外憂鬱的草場」吶喊；詩人企圖喊回那「空間與空間絕緣／時間逃避鐘錶」「永恆無聲」另一個世界的回響；然而亡魂眞的輪迴轉世投胎回到「往日」「童幼時眼睛常去玩的地方／那地方藏有春日的錄音帶與彩色的幻燈片」——那有聲有色的花花世界和空無的另一個「空」間強烈對比，也激發詩人詩句的強烈張力。詩人羅門最聞名的詩作〈麥堅利堡〉正觸及他詩中「生命最大的迴響是碰上死亡才響的」〈死亡之塔〉。

詩人在親身體驗過戰爭血惺死亡的恐怖，他的「悲劇的基本特性」是生存、實存的活動空間介入的那「白色不安的顫慄」。羅門不僅深具亞理斯多得界定的「悲劇性格」的「悲劇人物」；他還親自走過死蔭的幽谷，體驗死亡的情境，所以劫後餘生後對於歌頌戰場上英雄的偉大「感到茫然」。人人渴望「永恆」「不朽」「偉大」；可是一旦進入另一個空間，只剩無名的恐慌和茫然。

羅門正視戰爭的的慘烈，不像希臘悲劇英雄伊迪帕斯意識到親手犯忌（弒父娶母）就親手挖眼。他要看看這「炮火煮開」「又都冷了」的過程。雖然生前一片空，死後一片空，這中間一段的「空間」可不願隨便落空。

羅門的成名作〈麥堅利堡〉在「時空交融」確是石破天驚，氣魄宏壯的史詩。然而他難能可貴的正是人世間想不通又極想思維的「無限」和「永恆」，那「在風中不動，在雨裡不動」「使七萬個靈魂陷落在比睡眠還深的地帶」，那片永恆不動、不變的空間在流動變幻的人世間並不實然的存在，而只刹那瞬間閃過詩人的巔峰的思維空間。

至如「太平洋的浪被炮火煮開也冷了」的「煮開」：正使得這句詩行活靈活現，將平面的空間即刻溶入時空交會的「四度空間」：因爲「煮」已涵蓋了由「平」靜的海洋的水面，漸漸激起了「熱」浪，然後因炮火爆炸的如泡沫又如波濤瞬間又沸騰，又幻滅，好生熱鬧，這連串的活動非「煮開」無法呈現這四度空間的「迸現」，然後再以「也冷了」三個字把這不時歷時多時的歷史給烙上瀝青，成爲一首可歌可泣的青史，一篇活畫的史詩。

再說「這裡比陰暗的天地線還少說話」的「少說話」再一次展現羅門的「第三自然的玄機」，也可以說是羅門創造第五度空間；將人間人文的「說話」，轉化成自然界的萬物也會「說話」。

按一般用語「天地線」這陰陽交隔的死亡線是有去無回的，然而詩人羅門竟然企圖闖入和呆在永恆死亡的那些亡靈有所對話。然而，天底下芸芸衆生到底有多少人面對這些「麥堅利堡」的亡靈，能對上話。凡間的人極「少」跟空靈的亡魂「說話」。這三個字能用一個「妙」字結語。靈言，凡人極「少說話」。

「眼睛常去玩的地方」的「玩」字再次體現詩人羅門玩第六度空間的心態和心情。一般用語只敢用「看」，然而哲人羅門竟然在哲學思維冷靜的地方，玩熱起來。這一遊玩就將他的螺旋思維的陀螺活靈活現起來。這第六感是詩人臨界跳躍旋轉在眼見和眼不見的第六度空間。換句話說，這個「玩」字已經溶會了主體的「玩心」和客體的「玩物」，這心物交葛的動態世界，只好委請一個「玩」字來替代說明，主體／客體，有限／無限，生活／死亡交溶的宇宙乾坤。玩一定得動起來；只有創造心／物兩造的造化主和創造詩作詩行的詩人才能將死的物體，玩動起來。

羅門的詩作不僅是文字平面二度空間的敘述，也不僅是三度空間「一幅悲天泣地的大浮雕」，而是溶入時間的第四度空間和介入空靈玄機的第五度空間，以及化成遊戲於第六感生死戀的六度空間盤旋、迴旋、週旋的詩中強而有力、高瞻遠矚的噴射機，帶領我們凡人馳騁於永恆思維的詩意空間：想像、追尋和玩樂。羅門的詩作提供了一扇門，開向思維的門，如螺旋的燈塔，引領、照耀著塵世的凡人擁向極樂光明的乾坤。

羅門擅長描畫生死線糾葛的生存空間所撞擊的邊緣地帶；進而「在言論與精神上」支持

林壽宇、張永村、莊普、賴純純、胡坤榮等從事「一個全方位與全新的『存在與變化』的『活』的創作空間。」企圖「同『存在與變化』的無限開放的『活』的空間對話。」羅門就人間世的視覺、觸覺、異度、超度空間藝術皆有獨到的工夫和成就。然而探及宗教信仰的深度他和他的另一半詩人蓉子就大異其趣。詩人蓉子被譽爲「題材最多面，視野最廣」其因大概是她比羅門又多開了「宗教信仰」的門。她領受到門那邊「永恆的燈」「至眞、至善、至美」「好像天上三光／永恆地將人間照耀」《三光》，她融合了天上、人間的光，互相輝映。以聖經的話評量：蓉子詩人的心靈「空間」已進入「耶蘇基督」的這扇門（約翰福音十：九）。若非基督徒就很難體會耶蘇這扇門內的「天堂」——有活水、有花果、有金銀、有寶石、有歌聲、有讚美，這與其他宗教的另一個世界——「空」「無」「透明」「寂靜」確有天淵之別。譬如蓉子描畫〈老牧人的一生〉寫活了老牧人在門裡兩邊都「鋪滿了那慈藹老牧人佳美的腳蹤」多采多姿、有聲有色、有光有熱又安祥穩妥。反觀羅門的活動空間就大都描述天堂之門之外的人性空間。至於「天堂」的描述，他就以「空白」「空茫」「透明」「寂靜」來塡空。偶而以戲笑，抗爭的語氣將「一盆開在時空之外的盆景／放在上帝的窗口」或者是：「太平洋陰森的海底是沒有門的。」羅門企圖向永恆前進，然而他所建構的是人世間「前進中的永恆」。一個奔騰，跳躍，飛翔，充滿活力的生命空間。羅門和所羅門的詩截然不同門道。

【註】本文從《羅門蓉子文學世界學術研討會論文集》戴維揚寫的論文〈噴向永恆思維的螺旋〉中特別撰用其評到「麥堅利堡」詩有關的論談部份。

■作者：文學理論家、臺灣師範大學外文系教授，曾任臺灣美國文學學會會長。

歷史的悖論　悲劇的超升

——《麥堅利堡》論

俞兆平

人類歷史的行進，在「麥堅利堡」留下了一個深深的印迹：

麥堅利堡（Fort Mckinly）是紀念第二次世界大戰期間七萬美軍在太平洋地區戰亡；美國人在馬尼拉城郊，以七萬座大理石十字架，分別刻著死著的出生地與名字，非常壯觀也非常淒慘地排列在空曠的綠坡上，展覽著太平洋悲壯的戰況，以及人類悲慘的命運。（羅門《麥堅利堡．註》）

面對著七萬座十字架，面對著七萬名的亡靈，詩人的整個身心爲之震懾，爲之顫慄：

七萬朵十字花圍成園　排成林　繞成百合的村。

這裏，詩的核心意象由隱而顯。「百合」，這一浸染著濃郁的悲劇意味之花，這一積淀著亘久的悲劇內涵的原型意象，一旦在詩人的筆下浮現，便以它聖潔而淒寂的情調彌漫於全詩，構成詩作的基調。

它是「冷」的，是一種透進骨髓的冷意：

太陽已冷　星月已冷　太平洋的浪被炮火煮開也都冷了　史密斯　威廉斯　煙花節
光榮伸不出手來接你們回家　你們的名字運回故鄉　比入冬的海水還冷

太平洋戰爭的炮火停息了，勝利的煙花升上雲空，但是，死亡卻給此地帶來了永恆的冷寂。不僅是夜空的星月透著冰涼，連火熱的太陽也變得陰冷。七萬個像史密斯、威廉斯一樣的強健、旺盛的青春生命，沉入「太平洋陰森的海底」，死亡使他們的名字「比入冬的海水還冷」。詩中透出的那一股陰森的冰涼透骨的冷意，會使你每一根神經都因之顫慄不已。

它是「靜」的，是一種連鬼神都噤聲不語的淒寂：

麥堅利堡　鳥都不叫了　樹葉也怕動
凡是聲音都會使這裏的靜默受擊出血

在死亡陰影的籠罩之下，一切是「永恆無聲」的靜默，四周是使人悚然驚魂的沉寂。「七萬個靈魂陷落在比睡眠還深的地帶」，不能，不能，不能有任何一點聲響驚動他們。讓他們安息吧！這裏連一聲鳥的啼鳴也會撞擊得人心出血。

麥堅利堡是浪花已塑成碑林的陸上太平洋
一幅悲天泣地的大浮彫　掛入死亡最黑的背景

洞悉立體藝術奧秘的詩人，以他浩大的氣魄、驚人的手筆，爲世人刻出了一幅驚天地、泣鬼神的詩的「死亡大浮雕」，一座「碑林的陸下太平洋」。無怪乎，美國著名女詩人凱仙蒂·希兒贊嘆道：「羅門的詩有將太平洋凝成一滴淚的那種力量。」這一滴淚是羅門對戰爭帶來了死亡的控訴，凝聚著詩人以人道主義的立場對戰爭批判的偉力。

百合花般的麥堅利堡披復著死亡的陰冷淒寂的氛圍，但它又閃射出聖潔的光華：

美麗的無音房　死者的花園　活人的風景區
神來過　敬仰來過　汽車與都市也都來過
死神將聖品擠滿在嘶喊的大理石上
給昇滿的星條旗看　給不朽看　給雲看

七萬名亡靈又是不朽的，因爲他們是爲和平而戰，是爲人類整體向自由境域邁進而戰的；他們是神聖的，因爲他們進行的是一場反侵略的戰爭，是爲正義的重鑄而光榮地獻身。由此，神爲七萬名亡靈祈禱，生者也向七萬座十字架虔誠地獻上了「敬仰」。

對此，是歌頌、讚美，還是批判、否定？這逆反而又統合一體的兩極，使羅門陷入了歷史悖論的困境。迄今爲止的人類歷史的發展都是在矛盾的形態中進行的，正如當代生產力的飛躍是以人的物化、人的個體自由喪失而取得的一樣，歷史的進步往往是以人類付出沉重、巨大的犧牲做爲代價的。正義的戰爭推動了歷史的進步，但戰爭也同時帶來了非人道的痛苦與犧牲，文明的每一步前進都要付出相應的倫理道德的代價。以「現代精神掌旗人」而傲立的詩人不能不爲之深思：「也許對正在進行中的偉大戰爭，爲加強鬪志，我們不得不去歌頌；但站在淒涼的墳地上，做爲一個詩人，該如何去對已過去的戰爭只管歌頌呢？的確當戰爭進行中，無論是穿軍服的，穿聖袍的，穿童裝的，都難免一齊死於炸彈的半徑裏，而我們仍不能不去歌頌那偉大的戰爭；可是爲何戰爭一過去，我們竟不忍心去殺死一個俘虜呢？透過人性與人道精神活動的深境，我敢相信就是當年殺死七萬美軍的日本軍閥，此刻站在麥堅利堡墳地，面對那無限孤寂與淒涼的情景，也會反悔往日之惡行而黯然神傷的。」①詩人以人性與人道精神獨照戰爭，審視戰爭，這場戰爭便從歷史的現象面上升到歷史哲學的高度。

詩人曾把「戰爭」和「愛欲」、「回歸純我」、「死亡」並列爲人類存在的四大困境。詩人認爲：爲了自由、眞理、正義與生存，人類不能不勇敢的接受戰爭。但當我們看到戰爭中失去父母的孤兒，看到被戰爭弄成殘廢的人，我們又不能不產生同情，在人類心靈深處，具有上帝施給的仁慈、博愛與人道。人類爲了生存，不能不將槍口去校對敵人的胸口，同時也讓敵人的槍口來校對自己，這種難於避免的互殺的悲劇，的確是使上帝也不知道該用那一種眼神來注視了。②詩人的自白道出了自我精神深處的困惑，這也就是該詩「題引」部份的潛在內涵：

> 超過偉大的
> 是人類對偉大已感到茫然

詩人因在戰爭中，「人類往往必須以一隻手去握住『偉大』與『神聖』，以另一隻手去握住滿掌的血」，而徬徨失衡，陷入迷惘與恍惚之中。戰爭，它時而是推動歷史巨輪前進的蒼神，時而又是披著黑色長袍的死神，對著它那變幻不定的影象，誰能不感到「茫然」？而這種對理想主義範疇內的「神聖」的目的與「偉大」的情狀產生「茫然」的精神反應，正是詩作的悲劇魅力的凝聚點。

悲劇性的產生，在黑格爾的美學體系中是這樣表述的：做爲超然的普遍的倫理力量，在歷史發展的某一階段的某一事件中，外化、分裂成互相對立、互相排斥的矛盾著的雙方。而衝突對立中的任何一方，就其自身來說，都有著合理的、正當的一面，但它在追尋實現的過程，卻又都有片面性與過錯。這樣，雙方在衝突中，顯示差異，否定對方，乃至各自隨之而被摧毀，鑄造了悲劇；但同時在相互否定的揚棄中又呈示新質。如果我們假定宇宙、人世的本原果眞存在著黑格爾的「理念」，那麼由它外化、演進而生的戰爭與人道的對立、歷史主義與倫理主義的分歧，亦如羅門所做的形象描述：「血」與「偉大」的對視，其雙方便都有合理的一面，又有片面的過錯。以《西方的沒落》一書轟動歐美的斯賓格勒曾說過：「十九世紀是自然科學的世紀；而二十世紀則屬於心理學的世紀。我們不再相信理性的能力高於生命，反之，我們覺得生命統治著理性。對人的認識遠較一些抽象和普遍的理想爲重要。」從這種極端的人本主義的歷史觀著眼，當然無論何種性質的戰爭均需否定，因爲它對生命都是一場摧殘與消滅。像海明威這樣的硬漢子，在《戰地春夢》裏也以抨擊的語調寫道：「神聖、光榮、犧牲等等字眼，一直使我覺得非常窘迫……然而我卻從未見過任何神聖的東西……所謂犧牲也只好像是芝加哥的屠宰場。」從戰爭的慘痛，死亡的恐怖，個體生存的毀滅，乃至人類可能遭遇的滅頂之災（如核彈的威脅）的角度來看，你不能說海明威對戰爭、對理想主義的否定是不合理的，因爲它符合人道的精神。但是，它又是片面的，因爲人類如果對非正義的，帶有侵略、奴役性質的戰爭也無動於衷、漠然視之的話，那麼人類社會勢必倒退，退到獨裁與暴政的血腥統治，人類將陷入另一種過錯。所以羅門認為：「自海明威悲劇世界所發的過激論調，它雖較某些空泛的歌頌接近人類眞實性靈的活動面，但他對偉大不朽與神聖進行過份的否定，我在《麥堅利堡》詩中，雖不敢說是糾正了他偏激的觀點，至少態度較其客觀與公平，我是將人類從慘重的犧牲與恐怖的死亡中，接過來的贈品——『偉大與不朽，仍不被否定地留在那裏，然後叫人類站在悲劇命運的總結局上去注視它。』」③既寫出戰爭的慘痛、恐怖的罪過的一面，又不否定它「偉大與不朽」的意義，這便是《麥堅利堡》一詩悲劇力量產生的動因。

羅門對詩有著一種宗教拜的狂熱，他的詩歌觀念也是「超然」的：「詩是使一切屬於精神性的『美』，在其活動中凝聚且超升成為一種純然的本質之存在，……使人類的內心達到那完美存在的『頂點』」。③那純然、完美的美之存在的頂點，那上帝賜予的精神樂園，是羅門所心馳神往的。因此，他從未像斯賓格勒一類極端人本主義者那樣，放棄了對理想之美的終極目的的追尋；但他又與教條、僵滯的古典主義信徒不同，他不像他們一樣，有意地迴避、背對人類生存的陰暗、慘痛的一面。他主張人們堅定地活著，勇敢地正視人生負面，「傾聽它究竟向人類生命傾訴了一些眞實的什麼；使我們透過存在的悲劇性而接觸到那更為莊嚴的生之根源」。這種直面慘淡人生的美學態度，是自魯迅以來既經受過現代人本哲學洗禮、又未喪失對人類理想前景追尋的一類中國知識分子所共有的，他們的作品展示了中國文學中最為精深宏遠、剛毅韌健的一個層面。可以說，羅門以他的《麥堅利堡》一詩的遞交，也加入了這個行列。

不迴避價值判斷的歷史性與倫理性兩者之間的衝突，並把由之產生的悲劇性痛感，導引、昇華至某種超越性的精神層次，是這類文學作品獨特的審美意旨。對此，羅門的領悟很值得重視：「我相信沒有人不厭惡那些對著人類生命投擲過來的灰暗與虛空的東西，而我們當中之所以有人偉大與不凡，就是因爲他能在醒覺中面對它、不逃避它、且能對付甚至轉化它帶來的痛苦，成爲生命的另一種新的光輝與另一種新的富足，正像孕婦生產前感到的痛苦是爲了另一個新的生命之誕生一樣。」⑤這和以往的悲劇美感理論有所不同，傳統的悲劇美感模式是以亞里士多德解說爲規範的，那悲劇是喚起悲憫與悟懼之情，再使這類感情得到淨化，也就是，悲劇美感是由哀痛淨化爲平靜、舒暢的感受。古典悲劇理論強調痛苦體驗與緊張情緒的緩解，並把這種正性的心理進程絕對化；但它忽略了負性情感直接激發生命機體的積極功效，因爲機體也能把痛苦的緊張作爲積極體驗加以接受，而不必通過緩解的過程。奧地利著名心理學家弗蘭克爾指出：擔當苦難，會使我們的人格更加深邃精微。趨樂避苦當然是理所應當的，但厄運、災難、逆境無法避免時，人就應勇敢地承受它。厄運會使人更深地認識到自己的本質。很明顯，羅門的悲劇美觀念是和他相似的。死亡的痛感帶來了不安、困惑、悲憤，但痛感也激發了生命體的反思、奮起與追求，激發了生命體對自身價值實現的能動性。

那麼，《麥堅利堡》一詩反思、追尋的是什麼呢？羅門希冀的「新的光輝」、「新的富足」又是什麼呢？這在詩中語詞的概念平面是很難找到的，因爲詩中既有著肯定性價值判斷的趨向，但歌頌與讚美尚未明晰地顯示，又一下沉溺於哀憫之中。所以，該詩的美學意旨不在於語詞概念的表層，而是超然於語詞之上的一種意境。它是詩的一種新質，即是西方格式塔心理學派所揭示的「格式塔質」。它如同音樂的曲調，決非各個音符相加所得，而是飄浮於諸音符之上的一種新的獨立的質，《麥堅利堡》一詩的詩質，羅門在一次關於該詩的論爭中解答說明了它，『詩中仍埋著一個更為感人的『去向』，那便是由『戰爭的偉大感』，與『死亡』痛苦的悲劇性，兩種衝突的力量，所迫視出來的，感人的『茫然之境』。……『茫然，本身也是一個堅實強大的價值之體，它能自然引領人心在覺醒中去抓住生命之根源，去面向永恆的人性與人道而且對人類遭受的苦難，』產生無限同情與博愛的精神。即使是在為自由與正義而戰之中，也必須以這種深遠的人道精神做基礎。」⑥這是一種以特定的時空中超越，以具體的歷史事件中昇華，並帶有基督那樣對人類悲憫的偉大同情心的永恆的人道精神！人類不能沒有審視現實與歷史的價值準則，否則它所建立起來的一切都行將崩潰。這種價值準則的選擇，也是人對自我的選擇，即對人類本性的自我探索，人將隨著對他自己的認識的加深，變得更加偉大。而藝術和歷史哲學便是人對自身探索與認識的最好的途徑。當羅門把歷史的哲學思考與永恆的人道精神滙融於詩的深層，把哲理的疑重與情感的醇鬱化溶於詩的內質，詩便發出了閃電的藝術光亮，以而在更高的層次燭照人類本性，炫示了當代人心靈的覺醒，也透露出人類走向終極自由時那種尊貴的精神自覺的曙光。

該回到「本文的自覺」上來了。《麥堅利堡》在詩藝創造上最大的特色是：有如交響樂中的第一主題與第二主題的對比、交替、鬪爭和旋律的應和，而產生一種「詩情的復調」。例如，詩的首段爲「戰爭坐在此哭誰／它的笑聲曾使七萬個靈魂陷落在比睡眠還深的地帶」，詩人以移情的感應、擬人的手法，使「戰爭」這一抽象的概念「人化」了。戰爭在當年勝利的笑，在今天悲痛的哭，兩者強烈的對比，使讀者的心弦在矛盾狀態中爲之一陣陣地抽緊。又如「血已把偉大的紀念沖洗了出來／戰爭都哭了　偉大它爲什麼不笑」，「戰爭的哭」與「偉大的笑」形成了對峙著的情感效應。類似的還有：蒼白如百合花的墓園和史密斯、威廉斯童幼時玩的「春日的錄音帶」、「彩色的幻燈片」的對比，「睡醒了一個死不透的世界」與「睡熟了麥堅利堡綠得格外憂鬱的草場」的對比，「七萬個故事焚毀於白色不安的顫慄」與「落日燒紅滿野芒果林於黃昏」的對比……一組組對立的意象，形成了詩中強烈的情感性的衝突，就像羅門所做的形象描述那樣：用「人類內在性靈沉痛的嘶喊」這把尖銳的鋼鋸壓在「偉大與不朽」的石柱上，不斷地拉動，濺起精神巨痛的火花。矛盾的對抗、感情的撞擊，萌生出一種複雜，豐繁的詩意的張力，它在雙方的交織，應和中，帶著顫慄的音調，不斷地渦旋、湧動，構成了一股厚重、深邃而又相互抗衡的詩律的復調，使詩的悲劇氣氛不斷增強，不斷向極點擴展，逐漸佔領了廣闊深遠的悲劇世界的空間。

特色之二是：詩情哲理的感覺化。中國著名的科學家錢學森曾說過：「在藝術裏最高層次是哲理性的藝術作品。」可以這麼說，羅門的《麥堅利堡》在中國文學史上（假定將來兩岸會有那麼一部統一的《中國當代文學史》）是一首不可多得的哲理詩。這首詩的哲理光陷穿透歷史時空，燭照人類性靈，已不必贅言。但詩中藝術哲理的成功不在於概念的直白，它應含蘊於感性具象的內理，應成爲一種形象、情感、理性熔鑄一體的審美解悟，才能取得美學意義上的存在。《麥堅利堡》在這點追求上是成功的，像「血已把偉大的紀念沖洗出來」句，富有哲理的抽象詞「偉大」與感性的具象詞「血」嵌合在同一語境之中——麥堅利堡像一張由「血」當顯影、定景溶液沖洗出來的偉大的紀念性的照片。這樣，一方面傳示哲理的抽象詞（偉大）爲具象詞（血）所修飾，獲得感性、形象的外觀，迎合了審美判斷力的特殊需求；另一方面，直觀感受的具象詞（血）也爲抽象詞（偉大）所規範，延伸了自身的內涵。羅門曾在《〈麥堅利堡〉詩寫後感》一文中談到了「詩情哲理感覺化」的問題，他指出：現代詩人要注重追尋一種戰慄性的「心感」活動，它是詩人內在「心感」的全面展望，純粹精神往來的佳境，它極端自由，不受觀念與理念世界的束縛，也不受學問與知識的拖累，更不受主知或主情等無關緊要的問題干擾。「《麥堅利堡》詩便是在心理與意識都來不及設防的情況下、觀念還未張目之前，便去將這個『戰慄的性靈世界』，擒住不放的作品。這個『戰慄的性靈世界』，原來便是躲在麥堅利堡那『偉大』，與『不朽』的紀念裏邊，被死亡、空漠、冷寂的力量控制住，被我們習慣上的歌頌遮蓋住，最後終也被我內心的透視力，將它奧秘中的眞境全部揭露出來。」在臺灣詩人中，羅門是最能詳盡地披露自己詩的創作過程與內溶涵義的，（這有利也有弊）他的這段話，道出了《麥堅利堡》一詩誕生的實況：當詩人迎向籠罩著死亡、空漠、冷寂的麥堅利堡時，在物我交相往復之際，首先湧起的是「戰慄性的心感活動」，而後才透視出「偉大」、「不朽」的內在奧秘。也只有這樣，帶有哲理的詩才能進入「詩情哲理感覺化」的「化境」，即錢鐘書所說的：「理之在詩，如水中鹽，蜜中花，體匿性存，無痕有味，現相無相，立說無說。所謂冥合圓顯者也。」⑦

特色之三是：時空交感的渾茫與超升。《麥堅利堡》是一首透視人類歷史與精神價值的詩篇，而整部歷史就是時間與空間纏合運行的進程。時間因空間的限囿而凝定、顯現於某一剎那，而空間則隨著時間的運行呈示、透露出意義與價值，因而創造這類詩篇的詩人必須有著博大的心懷和把握時空的非凡魄力。麥堅利堡——這一使人悚然驚魂的時空交匯點便使羅門的詩的才力得到酣暢的發揮。首節的「戰爭在哭」與「戰爭曾經笑過」便以時間的隔離所形成的截然對立的感應，製造了一種世事輪迴、茫然無定的迷亂困惑的氛圍。而「太陽已冷、星月已冷」，如百合花般的麥堅利堡「在風中不動在雨裏也不動」等，則以時空間物的觸感與動感的接受，暗示了隨著時間的流逝，戰爭已使這裏的一切陷入了陰冷、死寂。當然，更爲驚心動魄的是時空交感的匯聚點。「靜止如取下擺心的錶面　看不清歲月的臉／在日光的夜裏　星滅的晚上／你們的盲眼不分季節地睡著」，應該像春日一樣喧鬧的靜寂了，應該像星月寒暑般運轉的止息了。在死亡陰影的籠罩之中，過去、現在、將來這「歲月的臉」模糊了；在悲劇氣氛的重壓之下，偉大、正義、永恆，「陷在沉痛的昏迷中」。無聲世界的寂寥，靜止世界的空漠，使人們的神情在這悲慘痛切、孤寂渾茫的時空交感中，由茫然而顫慄，由顫慄而反思，由反思而超昇，向著終極自由的極地趨近。

一九九一年十月於　廈門大學北村

【附註】：

①②④⑤⑥　羅門《時空的回聲》第二四一頁、第一七頁、第七〇頁、第一五三頁、第二四二頁。

③　羅門《第九日的底流》第七一頁。

⑦　錢鍾書《談藝錄》第二三〇頁，一九八四中華書局版。

【註】本文係從文史哲出版社出版的「門羅天下」論文選中，撰用有關評論「麥堅利堡」的論文

■作者：廈門大學中文系教授，美學家、文學評論家）

『壯懷筆墨』·『沉痛美詞』

李少儒

唐代·李華：「弔古戰場文」與——現代·羅門：「麥堅利堡」聯展

：「凡戰爭都超越戰爭的偉大……。」

：「行仁，就可以不染血麼？……。」

●「詩的擁有」

人類創造歷史。詩歌也隨人類政治制度與社會結構而形成，而流蕩，而變奏！任何一個世紀，任何一個歷史的過程，都是舊觀念與新觀念的對立，抗拒力量與保守力量的對立，兩者衝破阻力之間而激發新生的力量，繼而躍向新的前面。

不過，歷史卻證實，舊文學的潮退，不是宣佈消失，而是給新生予衝力！它仍有被保存的地方，因爲它還是新力量構成的要素——在新舊對抗而造成的空白，而承續之間的銜接因素等。

當舊的傳統形式消失後，自然人們便對新模式的需求，而且是充滿著強烈的探索心理，還加上西方的現代運動的衝激。不過，在西方，凡一個運動的攘起，便止以使一個存在的秩序破產，也可以影響整個價值觀念改變過來，甚至對傳統的加予排斥！然而，中國不致如此（其實也不可能），因爲中國的傳統哲學已經在矛盾之間，開闢一個海闊天空的地帶。而且經過以東方文化的特色加以保養，那即是：「容納」，「再化生」，使新舊之間能夠統一取向，而平均了適應時代的步伐！

因此，站在中國詩學論詩，它有一個塔型的蓄勢——「唐人學漢魏而變漢魏。宋人學唐而變唐……使不變，不足爲唐，不足爲宋。」根據這點結論是：「今古各領時代風騷。」

筆者純以中國詩論與傳統哲學相結合，把唐時李華的「弔古戰場」與現代的羅門詩人代表作「麥堅利堡」相提並論，便是基於上述這個論點。

●「詩的蓄勢」

從作品中可以體認到作者有著一種「自我投入」的意識。這種自我的存在，沒有道德秩序世界的指令，也沒有智識性的邏輯所局限。他的自我完全是建立於人性的良知的呼喚，他把自我的認知、感情、意志的能動性都投入於詩境中的古戰場！他以生命出入於戰場中去體驗，去發掘到人類生命存在哲學的反思。把戰爭與和平之間的人性一再折合，一再觀照而產生整體的人生價值觀。然後，詩人一再提昇到人性的思考而展現天下戰場對人性的總結：他否定「桃花源」的可以存在，漁翁之所以「失記人口」便是不自我放逐的註解。而「秦火」之所以永遠跟在人類的後面，還不是因爲人類須要呼吸？詩人因此以自我投入的精神從體驗中摸到一塊塊的血跡斑斑的詩句，用一雙晝夜不眠的詩眼，當著人類面前證明了當戰爭被詩劍解剖以後的肺腑。同時敲響詩鐘搖醒了人類對戰爭應抱一顆善感的心——在不能不承受之中而蓄好轉化和平的驅動力！

在這裡應該強調的是：詩人在譜好和平的主旋律之時便是敢於叛逆於現實的選擇！在求索人類生命型態的圓滿中，使「弔古戰場文」充滿了社會精神和強大的詩的生命力！

●「古典的儲蓄」

中國的古典文學中有很多超越時空的名作，都有它的所謂氣魄的涵蓋性——發揮詞句基型簡單的組合。概括地，涵蓋大幅度的具象，和繁複的意象，穿越現實的感受與想像，在無限的時空間展現一個又一個壯大的景容和概念。

唐代：李華·「弔古戰場」

——「浩浩乎！平沙無垠，河水縈帶，群山糾紛，」一片戰後的沙場，荒曠無際的空間震波般搖撼襲來，「黯兮慘悴，風悲日曛……亭長告予曰：往往鬼哭，天陰則聞……。」一股陰寒淒厲的氛圍，把你驅向戰場感知生命破滅的時刻。

「傷心哉！秦歟？漢歟？將近代歟？」詩人收斂了淒容轉化令人迴腸的，像列車般一路鳴著淒厲的笛聲向戰場深入探索的心軌前進。

從第二段開始，便以散文化連串起時空交錯驚悸的意象：「吾聞夫齊魏徭役，荊韓召募……沙著晨牧，冰河夜渡，地闊天長，不知歸路，……寄身烽刃，腷臆誰訴？……」詩人將自己的生命踏入獸性的戰場，他不願意讓戰爭輕輕地祇在悲哀下面寫個句點。「文教失宣，武臣用奇，奇兵有異於仁義，王道迂闊而莫爲。」

在這裡，詩人以善感的、慎獨的提出戰爭整體的思考，疏導戰爭的惡因，值得分析和歸納，詩人對「仁愛禮化」的王道，認為缺乏擷取辯證的認識而起了懷疑；人類和平相處的問題，回反原始已不可能，那麼，文明是否可以消滅戰爭？（並不！經濟也可以引發對抗。）詩人嘆道：「王道迂闊。」在這裡說明作者的人類生命感，是凌駕一切違反理性智識論的，——舊的總是擁有它的權力的渡性；固然歷史不會靜止，但時代的交替線之間，各自都有它的影子；也各自都有容納其生存的空間；結論是：戰爭與和平在人類世界，便不容萬物生靈處身其外！——和平的內涵故然有撲擊戰爭的張力，但戰爭的基因卻是在人類的內潛中一個落戶。

第三段，詩人以生命的投入，寫出戰士與法令的矛盾心理的衝激！：「法重心駭，威尊命賤。」接著便寫出戰場的恐怖、殘忍：「利鏃穿骨，驚沙撲面，主客相搏，山川震眩，聲析江河，勢崩雷電！」

可以看出作者在這一段文字運用基型單詞的產生激發性的轉化力！「穿骨」、「震眩」，「入面」，「聲析」，「勢崩」。除了「義對」和「聲對」的工整外，在煉字方面的功力如「穿」骨（貫穿於骨），「入」面（打在面孔上烙印入肉），聲「析」（殺聲可裂江河），勢「崩」（奔雷走電之意，崩；奔也。）

接下去作者把中國邊疆苦寒絕域，為抵禦入侵，寫出連年撕殺的慘痛：「積雪沒脛，堅冰在鬚，鷙鳥休巢，征馬踟躕，繒纊無溫，墮指裂膚……。」

這一段的詞義與音韻，極盡古典文學的「駢對」與「貫聯」的技巧，展現古典詞賦之單詞陸義之硬朗有力。

唐王昌齡詩論中有一段足爲現代詩作導讀的論點：「凡屬文之人，常須作意，凝心天海之外，用思元氣之前，巧運言詞，精練意魄……。」說明古人早已有煆詞練句和重意象，壯思采的提示。又說：「凡詩之意，皆傑句險作，傍若無人，不須怖懼。古詩云：古墓犁爲田，松柏摧爲薪。」這重重視意境寒峭，險句磅礴的大膽突出創作的重藝術動向，在「弔古戰場」文中的第四段中表現得更爲突出，詩情靈性有如天河飛瀑，搖落有聲！驚詞險句，碰撞錚錚！全段用重沉的仄韻，以散文詩式，聯想的壯翮，上下飛翻，「鼓衰兮力竭，矢盡兮弦絕。白刃交兮寶刀折，兩軍蹙兮生死決。……戰矣哉！骨暴砂礫，鳥無聲兮山寂寂，夜正長兮風淅淅，魂魄結兮天沉沉，鬼魂聚兮雲冪冪，日光寒兮草短，月色苦兮霜白……。」

詩人一直自我搖醒良知，以高度的反戰思想，以一種超寫實的手法，剖解戰爭一副冷血的五臟六腑，從「天假強胡」至完段，詩人一種孤獨面壁的內在的呼喚，跳躍在字裏行間追擊著戰爭的回答，儘管「屍塡巨港之岸」，「血滿長城之窟」也不管是「入侵」，還是「禦侮」，總之，「一將功成萬骨枯！」是鐵的現實，失敗者固然吻刀抱劍，而勝利者也自我燒紅了心！戰爭終而向詩人還供，承認了殘酷的罪行！因以詩人統一了唯詩有美善的蘊涵，是人性的本體。唯詩化的人生可以明淨烽煙的穢染！但，和平的窗口並非朝向詩人自我超越的花園，也非自我擦亮的神鏡中的幻影，而人類整體的生命又作任腥霜血雪埋掩無聲？

這裡對戰爭價值論，有著兩句供筆：「降矣哉，終身爲夷狄！戰矣哉，骨暴沙礫。」緊接第五、第六兩段，全詩浩瀚的氣勢給詩人以強大的思想幅射能，探照到戰爭一身罪惡的黑胎記。

詩人提出：戰爭發起人與戰士之間，執行殘酷的殺戮行爲，造成人類與環保遭遇無辜的浩劫，這個製造血腥年代的便是「戰爭」！同時，「侵略」與「保衛」之間，「戰爭」與「和平」之間的對立，怎樣由精神自覺的人從刺刀尖上踏出和平的路來，這是詩人一直啣追不捨的，總之作者對「先驗原則」是不接受的。他要以本身的體驗和感受進行判斷、反思，他終於喊出震撼的呼喚——戰爭便是執有武器者，朝向兩手十字架般張開的地球這行殺伐！不能讓霸權在等待死亡的善良面前冷笑！而人類生存的價值便是不斷與霸權爭辨的聲音！須要醒起者的投身、笑罵、謳歌，來建立詩化的生命價值與社會精神相結合的尊嚴。

作者那種執持的使命感非常突出！在他的筆下認爲詩的全部，是應當表現強烈的生命感的，而詩是抗拒社會一切暴力和不合理的怒眼！也是一行飛躍性的搖醒人性的散文！因此，作者不懼封建強權而評論道：「趙將李牧，平定入侵，漢傾天下，財殫力痛……。逐玁狁，北至太原，全師而還……。」這裡作者力陳擴張主義便是霸權！它將使國家建設，受到無限度的損失。——「秦起長城，荼毒生靈，萬里朱殷，漢擊匈奴，雖得陰山，枕骸遍野，功不補患。……」讀史至此，作者以詩筆焚起靈香，召喚來長城內外，無愚的孤魂，陰雲啾啾，似令人聽到他們之間悽苦無聲的哀訴……。

最後一段，詩人一再提示，一再反思，一再展示他的內心縕蓄著一股強烈的理念與殘酷的現實的衝激，投射出透明的，脫淨語意感的立體論點：「任何戰爭所引起的不人道的行爲，都付之大江東逝水，但由戰爭而遭受的慘痛，必將過去與未來的時光，都烙印在人類的記憶中——使默悟充血，使感知冒腥！」

：「誰無父母？誰無兄弟？如手如足，誰無大婦，如賓如友。……」爲什麼？人類爲什麼要互相殘殺？誰能指出這個悲劇的開頭？又誰能使這悲劇終結？人類世界不能一時一刻的靜止，動亂便一時一刻的影隨，人類的生命價值，明顯地操在一夫的一息之念，便猛舉地球擲落火海，而永恆不變的是：古今的戰場上，那慘痛的聲音不變，而歷史最終的判詞不變！

詩人嘆曰：「時也命也，古於斯，今於斯！」這個全人類的心結，把涵蓋天地古今的人生價值的哲理撒開，像太空黑洞大爆裂的星群……

應該擷取的是：「弔古戰場文」一詩是一種超越性的，獨立性的觀念，與被整體性所佔有的理念，這兩股強大的潛力，以伸張理性的知識論揭去所有的封條！西方承受反理性世界觀，放棄歷史進步的概念的反思，以致一群理性崩壞的悲觀生命感者所造成戰爭行爲中有；「死亡萬歲」，「死亡天使」的「魔鬼兵團」。他們的目的是爲忘卻生命的脆弱和志力的崩壞，他們選擇最能刺激生命，在自我心中一面再震的途徑便是——「殺戮！」是手段麼？還是「目的」？不難於理解，不斷高唱：「死亡未婚妻！」……這是反理性哲學的一群，是人格生命價值的先天性的鬼胎！

「弔古戰場文」，是詩人的靈魂自我投入殘酷的戰場控訴戰爭在折磨生靈的罪證中，抓到一個嚴肅存在的生命價值論的碩果。

● 「古今的對話」

把唐：李華的「弔古戰場文」翻開，喚醒時空，使與臺灣著名現代詩人羅門的「麥堅利堡」帶創作時代的犺程中作個遙遠的對話，使泰華詩人能夠共識於古今的交感與橫直的血親關係。這個念頭是去年林煥彰兄寄給我羅門的一本「第九日的底流」和「詩眼看世界」後，便萌起這個險峭的探勢！

故然：「諸志英錄，曾無品第。」要拿出「比較文學」的學術價值的判斷，自知還有一段好遠的差距。不過，兩代佳作的並蔕對開，對八十年代「泰華文藝復興期」，建起投身於詩的藝術觀念，是筆者漂航詩海的起點。

「弔古戰場文」，寫的是古時代原始戰爭的殘酷，同時挑剔起以戰爭去織繡功勳的評判和反思。

羅門寫的是第二次世界大戰中美軍死亡慘重而建立的「麥堅利堡」紀念墳場。前者從正面的直觀運用基義單元性的詞句，溶入強烈的感性寫出令人驚悸的荒漠風沙，並且不斷地向戰爭追擊，迫出人類生命價值的回答。

至於後者，發揮多義性的現代詩意象，從負面去烘托出戰爭遺留下世代不滅的悲壯的氛圍。在後人的默視中再映戰爭的殘酷的體會，從意象的層次性領悟詩人對七萬英靈的哀悼而驚覺——當人類失去性靈的恐怖。

「弔古戰場文」，強調「戰爭的反思」，——㈠「怎不可以仁義熔化了干戈？」㈡「戰士們對於戰爭，怎樣使他們感知於生命的存在價值。」㈢「戰爭究竟能否產生『偉大』與『不朽』？」

詩人是重於歷史辯證價值的，對戰爭除了從正面的握證中把戰爭規劃出「正」、「反」面的價值觀，負面則從歷史長河中找出人類史的發展規律，從「如實反映」的現實存在中建立征服性的精神毅力——創造更強大的文明走過戰爭高架的悲劇危橋。

——因爲詩人潛入戰爭悲劇的深層中的果敢。故此「弔古戰場」一賦中在磨礪思維方面極富彈力！類比推論的交叉幅射，更富挺進精神。

「麥堅利堡」的副題是：「超過偉大的，是人類對偉大已感到茫然。」——「假如這個偉大誕生自戰爭，假如枯骨如山中站起了偉大，這是超乎人性的偉大！人類站在偉大的紀念碑前，自是默念，舉頭四顧，自是感到茫然……。」（作者的理解。）

「弔古戰場文」在尾聲時嘆道：「天也？命也？」他沒有給「茫然」答案。然而，古今首尾相呼應，心智源一同。雖「直筆如實」與「曲詞多隱」。但，「反對戰爭，歌頌和平」的旗幟，卻都是織自「血的靈性。」

總之，兩詩對主題的內在建築都求得一致的共識——唯戰爭是製造人類的獸性者。但，主題經過詩人的認識結構，並予同化順應之後的拓長，卻因時空的差距而當然存在著創作不盡同的導向。

「麥堅利堡」是詩人從轉化內在的心靈深處出發，以抽象化的統一結合了主題以純正的動機和歷史的眞實性，發展莊嚴，和淨化人性的層層的悲劇氛圍，用不著詛咒和吶喊，詩人更自悟性地沿著主題的旋軌，以不斷加濃，加廣的悲劇情緒來確立人類生命的存在價值，在這同時是使人從詩行間那股潛力在運行的意識，不斷地向戰爭作無聲的探訴。這種堅守理性的觀念是超越戰場殘酷行爲的暴露而形成的一條追擊眞理的進步！

理性有益於人類文明的發展。強調「知識論」可以對人性增加可控性與自悟惺。

「弔古戰場」，詩人志向遠大，心理空間極爲遼闊，而且充滿磅礴正氣，對詩的主體認知結構——「戰爭」與「和平」是人類世界不斷的創造與改革之中，在一定的邏輯中潛伏著惡性的因果。人與社會都是可知的。人有意識，有覺悟，有感情，有選擇性，自由意志，主觀能動性，……那麼消弭戰爭應以「理性」，以「王道」，非「霸道」。

中國哲學之謂「道」，（以現代的理解）是沒有對立之謂道，正反都失其偶。和合統一叫做「道」；那麼「抵禦」「擴張」是對立的，須以理智（仁義教化）激勵人的自悟性而代替干戈，這謂之「道」（和平之路）。

羅門在「麥堅利堡」後記說：「……一個詩人的內在，若不被其籠罩著，思想上也不從人類這一悲劇的全部終局去追究，則他的精神，便祇是與創作對象做著部份的碰擊，而非整體，更非深入的。」

羅門詩人對馬尼拉七萬座大理石十字架的感應是「七萬個彩色的故事被死亡永遠埋住了

……。」一段悲壯慘絕的氣氛，激發詩人心中所以形成的「精神戰場感」，自然，「麥」詩在羅門詩人一直涵熙在哲理的現代詩中，一股純粹的抽象思維，導向意象的深層，一再迴環折返，給「七萬座十字架烘托出極其濃厚的，凄然的氛圍，雲霧般蘊藏著七萬具無聲的呼喊！（抗議、喊冤、都不是。）」

現代：羅門·「麥堅利堡」

我怎樣去理解「麥堅利堡」的詩的性格呢？……

當詩人站在七萬座大理石十字架面前，詩人的意識便滙成激流，被「麥堅利堡」那種靜默凄寂的氛圍簇擁著，籠罩著進入一個完全冷卻的破滅的幻景中，面對無從伸張的靜默中，他肯定默視中的實象——千萬失落了大理石登記的幽靈，聲鳴啾啾地圍著地球血涔涔的傷口。……

意象一個個的扭轉，超越時空而泳向無垠……，從空間流迴時間，又一再超越……「戰爭在哭……，在笑……，七萬個靈魂已落在比睡眠還深的地帶……。」這是詩人被戰爭的罪惡感從八方震撼下的嗟嘆……。

詩的潛涵力量，使情緒與意象不斷地催化，詩人一股純摯的精神，如大鵬撲翼，飛向十方，上下求索，由七萬具幽靈的黑暗深淵，到完全脫棄肉體的上帝，詩人提出反諷。

：「在死亡的喧噪裡，您們的無救，上帝又能說什麼？」

：「戰爭都哭了，偉大爲什麼還不哭？」詩人化陣強風，挽住七萬幽靈，飄越烽火的箭鋒，儘管生命早經時代結局的死火山化灰！但，仍不放下求索：問百萬生靈塗炭化灰是爲了偉大麼？

詩人的藝術主觀，強力的蓄勢如鷹激海，摩空驅雲！不斷開拓著無限的時空！——有詩塑的立體，有玄思的震悸！

：「沉默給馬尼拉看，蒼白給遊客的照相機看。」在這裡，詩人否定了客觀方法去看主觀，而是以一個主觀去看另一個主觀，——「凡是聲音都會使這裡的靜默受擊出血！」詩人揚起一支無須圖徽的滴著腥血的旗，直戮穿謀殺地球者的胸脯！大聲喚起每一座大理石的名字，伸手向文明野獸：還我太陽來！

這個時刻，詩人完全進入烈士、靈魂、戰爭、和平、偉大、渺小的交錯中敲響自我肯定的大鐘：一切的後來，碑也然，墓也然，偉大也然，渺小也然，……凡戰爭的紀念品——便是血雕！

：「這裡比灰暗的天地線還少說話，永恆無聲！」——假如有聲，七萬座大理石便會被擊出血！詩人從表象輾轉而呈現的意象，都披著一身的驚悸的鳴響，沉默悲壯匯成一支交響意象，不斷變奏！移動方位，相互縫補，牽制，觀照，交錯，激盪，……鑄成一行列的詩的悲劇性格，時刻有著迫人的生命體無法承受的壓力。

：「死神將祭品擠在嘶喊的大理石上，給昇滿的星條旗看，給不朽看，給雲看……。」

從「星條旗」，從「不朽」，從「雲」，詩人終於選擇了不穿戴全副藝術袍冠，故無須演講，無須傳教，但具象的默悟，卻晨鐘暮鼓般在良知者的心靈中敲擂著。——：「問星條旗，問不朽，問雲，超過了偉大的感想如何？」——有無聲的星條旗，無聲的不朽，無聲的雲，與譕語的七萬座大理石十字架，它們都向「超過偉大」打下紋理深刻如山河的血模……。

「生不同代」，「詩能同理」的「弔古戰場文」與「麥堅利堡」在展現詩的藝術導向，都具有濃厚的詩的悲劇精神。但，記取悲劇的動向，與民族悲劇的歷史性之不同而有不同的觀點。

㈠悲劇的精神，是表現人類共相的遭遇：結果是使人從極度的沉痛中淨化情緒。轉而向往智慧的、理性的、哲學性的美的世界。

㈡從悲劇精神中接受教育的涵義：感知悲劇時代的動因，產生強大的憂患意識，培養抑制悲劇的力量，達到悲劇精神的積極效能。

「麥堅利堡」與「弔古戰場」便各具上述不同的哲學理念。關鍵在於「詩」與「歷史」的觀點，都因時代的不同而有不同的秉持，西方的先驗是：

——「歷史的責任是事實。」

——「詩的任務是眞理。」

這裡所指的是事理的「眞」，應該可以這麼的詮譯：事理的「眞」，便是「人類共識的可行性。」（作者的理解。）

假如說：「歷史是事實的眞」，「詩便是眞的求索和共相理念的實現。」所不同者在乎詩的藝術力量有所不同——中國是象形字爲基礎，有繪畫形式，一咏於聲，日月風雲，土木山川，立現眼前！

西方文學是拼音聯句的，所以西洋詩著重全詩的構造，和整體的均勻以及詩的內在邏輯的發展。（故中西詩實不作優劣的比較。）應認指出：「弔古戰場」是「中國詩」，「麥堅利堡」近於西洋的現代詩。

「弔古戰場」單句孤寒嶄峭，意象聯翩。全詩的動詞富於動律的震撼，氣勢雄健，諷論奔放，震波是直感的，平面的共鳴是涵蓋壯闊的。

「麥堅利堡」，記取歷史，意象淒激跌宕，觸人心靈深處的，是一首人類悲劇，永恆無聲的「輓章」……。

結論：重視中國繁富的詩論，及詩藝術的超越性與氣魄的壯闊。

結合西洋詩哲理的智慧性與模式的多變與繁美。爲獲得中國詩風格的永恆價值，須發掘傳統的創新，不是否定或放棄傳統的價值——由傳統到現代是一座漫長的詩的成長梯階。

【註】作者：泰國著名詩人文學批評家。

麥堅利堡詩評介

周伯乃

我覺得羅門的詩中所現示的美，是一種壯美，而非一般抒情詩人所表現的秀美。換句話說，羅門是壯美型的詩人，而非秀美型的詩人，他不善於雕琢細工，他的詩有一種潑墨的氣勢與豪邁。尤其是自「第九日的底流」（五十二年）以後，到「死亡之塔」（五十八年）都強烈地顯示出其壯美的獨特風格。「第九日的底流」是一首氣勢非常雄渾的詩，透過貝多芬的第九交響樂的旋律，去描寫現代人心遭受時空挫敗後的悲壯。詩人以其極度尖銳的感力，吸取音樂的節奏和內涵力，然後經過一段長期的內省，和對現實所感悟的種種境遇，而揉合在語言記號中予以呈現出來。這也就是他所謂的詩與藝術「不外是表現事物或心靈在時空裏存在的關係位置，及其在活動時那些優美的姿態與聲響。」

因爲「第九日的底流」原詩太長，不適合在這個專欄中介紹，我想就在這同一詩集中的另一首極具有羅門型的「麥堅利堡」，提出來與讀者共同欣賞，這首詩曾被譯成英、法、日、韓……等國文字，且被「笠」詩刊專題討論過的詩，而羅門自己也不止一次的爲「麥」詩作詮釋和辯護的工作。

戰爭坐在此哭誰

它的笑聲，曾使七萬個靈魂陷落在比睡眠還深的地帶。

太陽已冷，星月已冷，太平洋的浪被炮火煮開也都冷了
史密斯　威廉斯　煙花節光榮伸不出手來接你們回家。
你們的名字運回故鄉，比入冬的海水還冷。
在死亡的喧噪裏，你們的無救，上帝又能說什麼。
血已把偉大的紀念沖洗了出來
戰爭都哭了，偉大它爲什麼不笑。
七萬朵十字花，圍成園，排成林，繞成百合的村。
在風中不動，在雨裏也不動。
沉默給馬尼拉海灣看，蒼白給遊客們的照相機看。
史密斯　威廉斯　在死亡紊亂的鏡面上，我只想知道，
那裏是你們童幼時眼睛常去玩的地方。
那地方藏有春日的錄音帶與彩色的幻燈片。

麥堅利堡，鳥都不叫了，樹葉也怕動。
凡是聲音　都會使這裏的靜默受擊出血。
空間與空間絕緣，時間逃離鐘錶。
這裏比灰暗的天地線還少說話，永恆無聲。

美麗的無音房，死者的花園，活人的風景區。
神來過　敬仰來過　汽車與都市也都來過。
而史密斯威廉斯你們是不來也不去了。
靜止如取下擺心的錶面，看不清歲月的臉
在日光的夜裏，星滅的晚上。
你們的盲睛不分季節地睡著。
睡醒了一個死不透的世界。
睡熟了麥堅利堡綠得格外憂鬱的草場。
死神將聖品擠滿在嘶喊的大理石上。
給昇滿的星條旗看，給不朽看，給雲看。
麥堅利堡是浪花已塑成碑林的陸上太平洋。
一幅悲天泣地的大浮彫，掛入死亡最黑的背景。
七萬個故事焚毀於白色不安的顫慄。
史密斯　威廉斯　當落日燒紅滿野芒果林於昏暮。
神都將急急離去，星也落盡。
你們是那裏也不去了。
太平洋陰森的海底是沒有門的。

這首詩最初發表是在民國五十一年十月二十九日的聯合報副刊，後來收入他的第二本詩集「第九日的底流」，詩後有一段附註，附註中說：「麥堅利堡（Mckinly Fort）是紀念第二次大戰期間七萬美軍在太平洋地區戰亡；美國人在馬尼拉城郊，以七萬座大理石十字架，分別刻著死者的出生地與名字，非常壯觀也非常淒慘地排列在空曠的綠坡上，展覽著太平洋悲壯的戰況，以及人類悲慘的命運，七萬個彩色的故事，是被死亡永遠埋住了，這個世界在都市喧噪的射程之外，這裏的空靈有著偉大與不安的戰慄，山林的鳥被嚇住都不叫了，靜得多麼可怕，靜得連上帝都感到寂寞不敢留下：馬尼拉海灣在遠處閃目，芒果林與鳳凰木連綿遍野，景色美得太過憂傷。天藍，旗動，令人肅然起敬；天黑，旗靜，周圍便黯然無聲，被死亡的感覺重壓著……作者本人最近因公赴菲，曾與菲華作家施穎洲，亞薇及畫家朱一雄家人往遊此地，並站在史密斯、威廉斯的十字架前拍照。」

我所以將這段附註錄下，無疑的是想幫助我們更能進一步地欣賞到詩人創作的過程和它最原始的動機。因爲麥堅利堡本身只不過是美國軍人的一座公墓，從公墓的本身來說，它沒有什麼偉大，只不過是諸多的公墓中，較爲雄偉的建築而已；就公墓的建築本身來說，它是死的事物。但作家最大的權力，就是要把這死的事物寫成有生命、有活力的活的事象；而詩人羅門，不但把這死的事物賦予生命活力，同時賦予它不朽的精神活力，這是屬於一種靈性的精神架構，它不是屬於具象的物體結構，不是那些水泥、鋼筋、大理石的同存物質的存在，而是存在於詩人對生命的價值與意義的肯定與否定之間，羅門說：這首詩是「在心理與精神都來不及設防的情況下、觀念還未張目之前、便去將這個『戰慄的性靈世界』擒住不放的作品。這個『戰慄的性靈世界』，原來便是躲在麥堅利堡那『偉大』與『不朽』的紀念裏邊，被死亡，空漠冷寂的力量控制住，被我們習慣上歌頌遮蓋住，最後終也被我精神的透視力，將它奧秘中的眞境全部揭露了出來。」

從情感邏輯上看，羅門是將生命、死亡、戰爭、光榮、偉大與不朽等糾葛在一起，企圖自死亡中找尋到生命的意義，自生命中肯定死亡的價值；也同時在死亡中追認出戰爭、光榮與不朽的價值與意義。羅門不是像海明威、康明斯、杜斯帕索斯一口否定了戰爭對人類的價值，他認爲「爲了自由、正義與生存，我們仍是應該去迎接那偉大的戰爭的，縱使它有時帶給我們的痛苦超過了對偉大的感受。可見戰爭往往是人類必須去面對的一幕偉大的悲劇，這首詩便是對這一偉大的悲劇，通過人類的良知進行著一項至爲嚴肅的傳眞工作。」

從戰爭的表層面來看，它是殘酷的，它製造了人類集體屠殺的悲劇；但從它的爲正義、爲自由、爲生存的可能受到壓力的反抗來看，它又是必須的，也是絕對必要的。「戰爭坐在此哭誰」，這是人類慘受戰爭所帶來的死亡的極度痛苦中的吶喊，這裏所指的戰爭，不僅是指二次世界大戰，同時也可能是過去的無數次的人類遭受集體屠殺的戰爭，或者是暗示著人類未來的戰爭。所以，這裏的「戰爭」只是一個名詞，它不含有任何時間格式。「它的笑聲曾使七萬個靈魂陷落在比睡眠還深的地帶」，這個笑聲，多少含有嘲弄的意味，它嘲弄那些戰爭的荒謬，嘲弄那些死去的生命是否眞的有如人們所歌頌的偉大與不朽。詩人陳慧樺在「

論羅門的技巧」一文中說：「詩人首先把『戰爭』擬人化，然後把『哭』與『笑』並置，使戰爭情況予以戲劇化，接著不說『死亡』（戰爭與死亡是等同語）能超昇人的靈魂，反而說它的笑聲曾使七萬個靈魂陷落在比睡眠還深的地帶，把戰爭的毀滅性巧妙地全盤托出。」

第二段是寫一切都已經成了定局，一切都成了過去，死亡是無可挽回的，這是被肯定的事實。那些光榮、那些慶祝的儀式都是無補於死亡所帶來的慘烈的痛苦，「煙花節光榮伸不出手來接你們回家，你們的名字運回故鄉，比入冬的海水還冷。」白萩認爲「煙花節」與「光榮」無關，這是白萩對煙花節的誤解，但羅門辯說煙花節是設造的名詞，它象徵著一個含有慶祝與狂歡情景而放煙火的日子。倘若依照羅門的解釋，煙花節應該是一個獨立單元，它是含有慶祝與狂歡的意義，那麼在「煙花節」與「光榮伸不出手來接你們回家」之間，應該有個空格或逗點來點斷兩者之間的曖昧意義，使「煙花節」與「光榮」能在情感上貫穿，卻不會含混。

其實「煙花」原出於杜甫的清明詩中：「秦城樓閣煙花裏，漢主山河錦繡中。」後人常以娼妓喩爲煙花，而羅門設造這個煙花節的時候，大概沒有注意及此。

第三段，他仍然帶著強烈的嘲弄意味，「血已把偉大的紀念沖洗了出來，戰爭都哭了。偉大它爲什麼不笑。」這裏詩人仍然將哭與笑作爲反諷與對比，常常出現在傳統詩和詩劇中，且兩者是互依互存的，戰爭與偉大，犧牲與光榮都含有濃厚的反諷意味，而造成了一種戲劇性的對比。

而這種戲劇性的對比，是含有悲劇與喜劇的兩種成份的對比。

「七萬朵十字花，圍成園，排成林，繞成百合的村，在風中不動，在雨裏也不動。」從字義上來看，是描那七萬座大理石十字架所構成的園林，能夠在風雨中屹立不動。但在字義的後面卻隱含著象徵七萬個壯烈犧牲的靈魂的偉大與不朽。

沉默是金，沉默又何嘗不是一種偉大呢？在馬尼拉海灣、在麥堅利堡，「鳥都不叫了，樹葉也怕動，凡是聲音都會使這裏的靜默受擊出血。」

空間的隔離感，時間的流變，是構成麥堅利堡的最大的孤寂。活著的人，用鐘錶的刻度去計算生命的時間，而在麥堅利堡躺著的七萬壯士再也不會爲鐘錶的刻度所計算，再也不會因時光的流逝而悲哀了，他們已不再畏懼於被時空所擊敗的悲劇，他們已經完完全全的靜默，徹徹底底的逃脫了鐘錶的計算，而陷入於一種似永恆又不永恆，似眞實又不眞實的時空裏。在那裏「靜止如取下擺心的錶面，看不清歲月的臉。」

最後一段，詩人是企圖以動（浪花）與靜（碑林）的兩個畫面，作強烈的對比，所以說：「麥堅利堡是浪花已塑成碑林的陸上太平洋」，而成爲一幅悲天泣地的大浮彫，白萩認爲浪花與碑林不能建立比喻的關聯性。有關這一點，我是比較同意羅門自己的辯釋的，羅門說：「我們知道七萬座大理石十字架形成那片白茫茫的碑林，展佈在那遼闊的平面空間裏，給予我們視覺上的感受，是有理由去聯想成滿海的浪花的。」更重要的是羅門將浪花與碑林的交變中，呈現了時空的變位關係，他說：「麥堅利堡是太平洋的浪花已凝塑成碑林（另一活動形態的浪花）的陸上太平洋，此刻我們難道不爲這種空間變位而動心嗎？當太平洋的浪花（無論它是因砲火或那一陣風或自己開的）」已換位成碑林的那種更茫然的『浪花』；海上的太平洋已換位成陸上那個更寂然的『太平洋』：一個流動的空間就這樣活活變成了一個凝固的空間，使世界呈靈出它更沉寂的靜態。」

羅門運用了「聯想的想像」（Associative Imagination），將浪花與碑林、太平洋與陸地彼此換位，而造成了一個新的意象。英國文學批評家溫齊斯特（C. T. Winchester）把想像在文學表現上的性質之不同，曾分爲「創造的想像」、「聯想的想像」、「解釋的想像」三種：而創造的想像，是從經驗所得的種種事象，自發地選擇它所有這些創造的作用；而聯想的想像，是用一種事物、觀念、情緒，或情緒上類似的心象相結合的產物；解釋的想像，是作者主觀的認知某種精神的價值與意義，而藉某種事象表現出來，使其成爲這種事象的新意象。

羅門將浪花與碑林這兩個物象的換位，造成一種新的意象，而產生詩的內涵力。也許是因爲他過份重視意象的交感作用，使得很多讀者都不能進入他的詩境內；去感知他所要呈現的人類內在心靈世界之眞境。其實我們稍加沉思揣摩一番，也不難進入其內的；如浪花與碑林換位，產生意象的交感，我個人覺得比波特萊爾（Charies Baudelaire 1821-1868）、魏爾倫（Verlaine 1811-1896）、藍波者人的詩中所運用的感覺性的交錯，要容易懂得多了。

從羅門的整個思想體系來看，他是一個主知詩人，對一切事物都較爲尖銳去觸及，且特別著重於人類內在精神世界之挖掘，所以，我說他是站在生命的高崗上吶喊生命的詩人。他的詩不是盆景，不是塑膠花，不是豪華客廳裏的裝飾品。他的每一句詩都是在強烈地鎚擊著人類的生命。

【註】本文是從文史哲出版社出版的「門羅天下」論文集，撰用評論家周伯乃先生寫的「詩．並非盆景——試論羅門的精神面貌及其創作動向」論文中有關談論「麥堅利堡」詩的部份。

■作者：詩人、詩評家、文藝副刊主編。

《麥堅利堡》

劉揚烈

羅門是當代台灣詩壇的一位奇才，也是人們認爲難解的一個謎。他不僅具有李賀、李商隱的詭秘奇特，又有蘇軾、辛棄疾的恢宏悲壯；不僅是一位優秀的詩人，還是出色的詩歌理論家。到目前爲止，他已出版了十幾部詩集、五部詩論專著。其創作之豐富，造詣之深厚，藝術之精湛，影響之廣泛，都可以說是世界性的第一流的。

有詩人和詩評家盛讚羅門是「詩壇重鎮」、「當代中國詩壇都市詩與戰爭主題的巨擘」，是「在文明塔尖上造塔」的詩人。他最有「靈視」，透視力極強，能掌握永恆藝術「最內裡最震撼的那剎那脈動」，又有「將太平洋凝聚成一滴淚的那種力量」。他不愧是詩國的驕子，「現代詩的守護神」（以上均引自周偉民、唐玲玲《日月的雙軌·詩人詩論家眼中的羅門》）。

關於戰爭的思考和有關戰爭主題的詩，是其創作中具有突出成就的方面。有的作品產生了重要的國際影響，堪稱彪炳詩史的佳作。他不是一般層面上的描寫，而是擊雷閃電，上天入地，代表著一個時代的振動和回響。《麥堅利堡》是這方面的扛鼎之作，是一曲抒寫戰爭主題的傑出的樂章。

一九六二年，詩人去菲律賓參觀了麥堅利堡。那是一個美國軍人公墓，第二次世界大戰期間，在太平洋地區陣亡的美軍將士全都埋葬在這裡。七萬個壯烈犧牲的靈魂躺在一片死寂的墓地，既偉大又平凡，既悲壯又淒涼，怎能不引起羅門的震顫和深思？世界大戰是全人類最大的悲劇！戰爭與和平的較量，法西斯主義與人民的決戰，七萬、七十萬，甚至七百萬人在戰火中犧牲。是他們用自己的鮮血和生命，換來了整個人類反法西斯戰爭的勝利。可是，爲什麼要戰爭？它給人間帶來的慘重後果是什麼？羅門自己說：「我是將人類從慘重的犧牲與恐怖的死亡中，接過來的贈品——『偉大與不朽』仍不被否定地留在那裡，然後叫人類站在悲劇命運的總結局上去注視它，去盯住那些沈痛與不幸的情景，所產生的精神不安的戰慄，究竟是如何逐漸地超越與籠罩了『偉大與不朽』的光彩。」（《第九日的底流．〈麥堅利堡〉詩寫後感》）顯然，詩人是懷著莊嚴的使命感和人類的良知來寫這首詩的。正義雖然戰勝了邪惡，但是，一個又一個悲劇畢竟發生了——

　　戰爭坐在此哭誰
　　它的笑聲　曾使七萬個靈魂陷落在比睡眠還深的地帶

戰爭留下的是極爲冷酷的教訓，是令人毛骨竦然的回顧和反思，連七萬人的公墓和周圍的一切都冷得像堅冰封鎖的世界：

　　太陽已冷　星月已冷　太平洋的浪被炮火煮開也冷了
　　……
　　你們的名字運回故鄉　比入冬的海水還冷
　　在死亡的喧噪裡　你們的無救　上帝的手呢

血已把偉大的紀念沖洗了出來
戰爭都哭了　偉大它為什麼不笑

這簡直是在傷口上再割一刀，然而卻教人痛定思痛。整首詩就是以此為基調，用廣闊的文化心態，既審視歷史又觀照現實，發生「人類內在性靈沈痛的嘶喊」。是的，戰爭造就了「偉大與不朽」，然而，「超越偉大的是人類對偉大已感到茫然」。中國有句古話叫「一將功成萬骨枯」，至少在戰爭造成的慘重犧牲上是相同的。換取和平的代價是鮮血，人們應該永遠牢記這血的教訓。

詩人善於捕捉意象，以展示深廣的意境。冷森、靜寂是他選擇的主要意象，這恰恰給人以深深的震撼和戰慄。前面已經說到「冷」，再看「靜」——

麥堅利堡　鳥都不叫了　樹葉也怕動
凡是聲音都會使這裡的靜默受擊出血
空間與空間絕緣　時間逃離鐘錶
這裡比灰暗的天地線還少說話　永恆無聲
美麗的無音房　死者的花園　活人的風景區

整個墓地一派死寂，公墓無言，七萬個十字架無言，七萬個死去的靈魂再也不會說話，連鳥也不叫了，樹也怕動，空間和時間都靜止了。然而，此時無聲勝有聲，在死寂中給人精神上猛重的一擊，讓人們清醒地思索：戰爭造成的悲劇，帶來的慘重犧牲，而「偉大和不朽」卻落在後面。七萬個戰死者，七萬個本應是彩色的故事，全都沈落在太平洋的深谷裡。人們不能不再三思之，不能不發出疑問：這是爲什麼？究竟爲了什麼？！

詩人的心感和靈視，已全部顯現在這種純粹冷靜的抒寫裡。讀了它，當你還來不及從事理念的思考時，你的心就已被擒住，被深深震動了。詩寫得恢宏壯觀、深沈凝重而又痛快淋漓，人道主義的精神光芒四射，迄今仍是全世界同類詩中的佼佼者。

【註】本文從《羅門蓉子文學世界學術研討會論文集》中撰用劉揚烈教授寫的〈卓越的詩才與自覺的選擇〉一文中有關評「麥堅利堡」詩的部份。

■作者：文學評論家、重慶西南師範大學教授。

「麥堅利堡」感言

林文義

羅門在現代詩壇，本身就是一個極爲特殊的文學個體，我所說的特殊是由於羅門的創作背景是從現代藝術出發的。早年的羅門參加五月畫會經常的聚會，五月的畫家們用抽象的線條，大膽的顏色，而羅門則用他充滿藝術家氣質的文字，成爲一首首動人詩作。反觀他早年的詩作（曙光時期一九五四——一九五七），充滿著歐式典雅的詩情，但一如當時奮力於詩創作的詩人們，作品的精神仍來自於歐美的各種詩潮，顯然可見羅門與他們那一代的詩人拼命從外來的意象中試圖掙脫，並且找尋自我的詩之風貌。

基本上，羅門是個強烈的人道主義者，在他的詩作中不乏對人類文明病態與對戰爭的譴責。羅門的代表作「麥堅利堡」爲集其大成——

死神將聖品擠滿在嘶喊的大理石上
給昇滿的星條旗看　給大朽看　給雲看
麥堅利堡是浪花已塑成碑林的陸上太平洋
一幅悲天泣地的大浮雕　掛入死亡最黑的背景
七萬個故事焚毀於白色不安的顫慄
史密斯　威廉斯　當落日燒紅滿野芒果林於昏暮

神都將急急離去　星也落盤
你們是那裏也不去了
太平洋陰森的海底是沒有門的

一九八四年四月十三日早晨，我獨自站在菲律賓馬尼拉近郊的美軍公墓，羅門筆下的「麥堅利堡」，這首詩彷彿像不遠處馬尼拉灣的浪潮，在我心中起起伏伏。我來印證羅門在一九六一年來到此地，並撰寫此詩時的心情，雖然相隔二十三年，但那份感動卻是緊緊相連的。

我一直覺得羅門是個「文字的藝術家」，在他多年來，與女詩人蓉子共住在詩情畫意的燈屋裏的羅門是那般入世並且充滿對人類的深切關懷。

【註】此文見「門羅天下」論文集林文義寫的「文字的藝術家」論文中有關「麥堅利堡」詩的部份。

■作者：林文義：散文家、兼寫小說與評論、曾任臺灣筆會秘書長。

「麥堅利堡」詩

洛楓

相信文學作爲藝術的永恆性，便會明白藝術印證生命的越超性——詩人羅門，選擇了詩歌最精緻的語言，搖盪心靈美善和性情，謳唱沉厚的哀歌，向悲劇的生命世界提出反省與思量：反省人類悲劇命運的種種因果，思索通向永恆的路向……

喀爾（Karl Jaspene）在《悲劇的基本特性》（Basic Characteristics of the Tragic）中指出，生命最大的悲劇不是對苦難與死亡的默想，而是當人類捲入由自己親手製造的禍害裏，無論性命、意志與潛力都全然毀滅的時候②。依我看來，戰爭最能表現這種悲劇特性，因爲它具備了種種矛盾的意義——人類既是它的創造者，又是它的受害者；人類利用它來保護自己的生命、民族與疆土，卻又用它來破壞別人的。這種潛伏正負兩面力量的作爲，往往容易產生悲劇的震撼性，羅門的「麥堅利堡」便是最好的證明，詩端的副題指出：「超過偉大的／是人類對偉大已感到茫然」，跟著又寫道：「戰爭坐在此哭誰／它的笑聲曾使七萬個靈魂陷落在比睡眠還深的地帶」，「血已把偉大的紀念沖洗了出來／戰爭都哭了偉大它爲什麼不笑」，「哭」與「笑」、「偉大」與「茫然」都是相對的情操表現，詩人巧意的安排，是爲了給全詩營造「反諷」（Irony），這七萬座紀念第二次大戰美軍陣亡的大理石碑，既標誌著太平洋悲壯的戰況，也象徵了人類悲慘的命運，而在時間的沖洗下，卻又變成「死者的花園、活人的風景區」，在這充滿諷刺性的氣氛下，作者感到了死亡的重壓；此外，詩人還運用了時間意象——「靜止如取下擺心的錶面　看不清歲月的臉」，「在日光的夜裏　星滅的晚上／你們的盲睛分不清季節地睡著」，「空間與空間絕緣　時間逃離鐘錶」——來展示戰爭悲劇的永恆性，如果歷史是前人遺留的經驗與教訓，那麼，對於麥堅利堡透過「痛苦」換來的「偉大」，站在「建設性」與「破壞性」的雙重意義上，我們該予以肯定還是否定的價值？

而詩人羅門，賦予的似乎是更多的同情與悲憫：

麥利堅堡是浪花已塑成碑林
　　　的陸上太平洋
一幅悲天泣地的大浮彫
掛入死亡最黑的背景
七萬個故事焚毀於白色不安的顫慄
史密斯　威廉斯
當落日燒紅滿野芒果林於昏暮
神都將急急離去　星也落盡
你們是那裏也不去了
太平洋陰森的海底是沒有門的

亞里士多（Aristotle）認爲悲劇的力量在引發人類情緒中的「恐懼與同情」（fear and pity），

羅門的「麥堅利堡」在這方面是成功的，詩中不但充滿了死亡的壓迫感，而且還隱含對生命嘲諷的意味，迫使人類反省戰爭的意義和價值，羅門曾說：「人類一隻手從戰爭中握住了『偉大』與『不朽』，另一隻手必須握住人的『血』……戰爭是一幕冷酷的悲劇，往往連上帝都無法導演和正視它，但人必須面對它，在兩排刺刀相對逼近之間，被推進去的是『人』，逃不出去的也是『人』；於是戰爭往往將人類從悲壯的情境，推入對苦難命運產生沉痛的默想之中，可是人類仍是逃不過它。」③對於不能自主的戰爭悲劇，有人徹底的投降了，拒絕思想，有人偏激地詛咒、否定和排斥，像海明威（Hemingway）。而羅門不獨沒有躲避，還以人道主義的精神反省戰爭雙重的個性，「麥堅利堡」中，他從歷史角度上肯定了戰爭的偉大與不朽，卻又從人道主義的精神上爲那七萬條犧牲性命感到悲哀？或正如烏納穆諾所說，人爲了保有自己，以及對於不朽的永恆渴望，而有悲劇性的掙扎④，或許，正因如此，生命才有矛盾，人類才對自己的「偉大」產生「茫然」！

【註】本文從「門羅天下」論文集洛楓寫的「羅門的悲劇意識」論文中撰用有關「麥堅利堡」詩的部份。

■作者：洛　楓：港大研究所畢業、詩人，並從事文學批評。

羅門的戰爭詩「麥堅利堡」

陜曉明

羅門曾是空軍，然而是沒有經歷過戰爭的空軍，而且他開始詩歌創作時早已不是一個軍人了，而以「戰爭」爲主題的詩卻是羅門整個詩創作的一個重要部分。青少年時代在戰爭環境中的流離生活當然是不應忽視的潛在觸媒，而更主要的則是羅門認爲通過戰爭能更清晰地透視人的存在。他說：「戰爭是人類生命與文化數千年來所面對的一個含有偉大悲劇性的主題。在戰爭中，人類往往以一隻手去握住『偉大』與『神聖』，以一隻手去握住滿掌的血」，「透過人類高度的智慧與深入的良知，我們確實感知到戰爭已是構成人類生存困境中，較重大的一個困境，因爲它處在『血』與『偉大』的對視中，他的副產品是冷漠且恐怖的死亡。」從羅門的創作來看，戰爭正是羅門透視人類存在的一個極佳的觀照點，他用他強烈的人道主義情懷以及悲憫的心態來審視戰爭，戰爭有其偉大與神聖在，而更主要的則是一個悲劇，一個人類永遠無法逃避的悲劇。羅門的戰爭詩很少直面戰爭本身，也不只偏於本土戰爭的一隅，而多是透過戰爭所造出的歷史遺跡，或戰爭所造成的疏離孤苦的心理陰影等來反映人的存在的。

《麥堅利堡》是羅門第一首以戰爭爲主題的詩，也是羅門戰爭題材乃至整個詩歌的代表作之一。它創作於一九六一年，一九六七年被國際桂冠詩人協會譽爲近代偉大之作，榮獲該會榮譽獎及菲總統金牌獎。麥堅利堡位於菲律賓馬尼拉城郊，爲紀念第二次世界大戰期間陣亡的七萬名美軍士兵，在這裡建立了七萬座大理石的十字架，場景肅穆而悲壯。羅門赴菲訪問，往遊此地，靈魂深深顫冽，詩思噴射而出：

　　戰爭坐在此哭誰
它的哭聲，曾使七萬個靈魂陷落在比睡眠還深的地帶
太陽已冷　星月已冷　太平洋的浪被炮火煮開也都冷了
史密斯　威廉斯　煙花節光榮伸不出手來接你們回家
你們的名字運回故鄉　比入冬的海水還要冷
在死亡的喧噪裡　你們的無救　上帝的手呢

血已把偉大的紀念沖洗了出來
戰爭都哭了　偉大它爲什麼不笑
七萬朵十字花　圍成圓　排成林　繞成百合的村
在風中不動　在雨裡也不動
沉默給馬尼拉海灣看　蒼白給遊客們的照相機看
史密斯　威廉斯　在死亡紊亂的鏡面上
　　　　我只想知道

那裡是你們童幼時眼睛常去玩的地方
　　那地方藏有春日的錄音帶
　　　　與彩色的幻燈片

麥堅利堡　鳥都不叫了　樹葉也怕動
凡是聲音都會使這裡的靜默受擊出血
空間與空間絕緣　時間逃離鐘錶
這裡比灰暗的天地線還少說話　永恆無聲
美麗的無音房　死者的花園　活人的風景區
神來過　敬仰來過　汽車與都市也都來過
而史密斯　威廉斯　你們是不來也不去了
靜止如取下擺心的錶面　看不清歲月的臉
在日光的夜裡　星滅的晚上
你們的盲睛不分季節地睡著
睡醒了一個死不透的世界

死神將聖品擠滿在嘶喊的大理石上

給升滿的星條旗看　給不朽看　給雲看
麥堅利堡是浪花已塑成碑林的陸上太平洋
一幅悲天泣地的大浮雕　掛入死亡最黑的背景
七萬個故事焚毀於白色不安的顫慄
史密斯　威廉斯　當落日燒紅滿野芒果林
於昏暮
神都將急急離去　星也落盡
你們是那裡也不去了
太平洋陰森的海底是沒有門的

此詩有一副題：「超過偉大的，是人類對偉大已感到茫然」，已多少透露出作品的主旨。戰爭是偉大的，然而對於「靈魂陷在比睡眠還深的地帶」的史密斯、威廉斯們，一切已經毫無意義，他們彩色的童年、彩色的故事都被永遠埋住了，被運回故鄉的只是他們冰冷的名字，在馬尼拉灣的綠草坪上，除了作爲被憑弔的風景，還有什麼？全詩悲壯蒼勁，而不斷的長句使這種悲涼的氣氛顯得格外沉鬱，可以說，它和七萬座十字架一樣成了一幅「悲天泣地的大浮雕」。這裡，羅門不去歌頌戰爭的偉大，戰士的英勇，而以一己的悲憫心境哀憐死難的烈士，卻更能激動人心。因爲他直面了「人」在戰爭中的悲劇性存在，而獲得了少有的思想深度。同題的詩，台灣不少名詩人都寫過，但無一有超過羅門者。

【註】本文從《羅門蓉子文學世界學術研討會論文集》，撰用陝曉明寫的〈戰爭詩的巨擘〉與〈城市詩國的發言人〉論文中有關談論「麥堅利堡」詩的部份。

■作者：作家、從事文學理論批評、中山大學臺港文學研究所。

「麥堅利堡」賞析

王春煜

　　　超過偉大的
　　是人類對偉大已感到茫然
戰爭坐在此哭誰
它的笑聲，曾使七萬個靈魂陷落在比睡眠
　　　　　　　　　　　　　　　　還深的地帶

太陽已冷　星月已冷　太平洋的浪被炮火
　　　　　　　　　　　　煮開也都冷了
史密斯　威廉斯　煙花節光榮伸不出手來接你們回家
你們的名字運回故鄉　比入冬的海水還冷
在死亡的喧噪裡　你們的無救　上帝的手呢
血已把偉大的紀念冲洗了出來
戰爭都哭了　偉大它為什麼不笑
七萬朵十字花　圍成園　排成林　繞成百合的樹

在風中不動　在雨裡也不動
沉默給馬尼拉海灣看　蒼白給遊客們的照相機看
史密斯　威廉斯　在死亡紊亂的鏡面上
　我只想知道哪裡是你們童幼時眼睛常去玩的地方
　那地方藏有春日的錄音帶與彩色的幻燈片

麥堅利堡　鳥都不叫了　樹葉也怕動
凡是聲音都會使這裡的靜默受擊出血
空間與空間絕緣　時間逃離鐘表
這裡比灰暗的天地線還少說話　永恒無聲
美麗的無音房　死者的花園　活人的風景區
神來過　敬仰來過　汽車與都市也都來過
而史密斯　威廉斯　你們是不來也不去了
靜止如取下擺心的表面　看不清歲月的臉
在日光的夜裡　星滅的晚上
你們的盲睛不分季節地睡著
睡醒了一個死不透的世界

睡熟了麥堅利堡綠得格外憂鬱的草場
死神將聖品擠滿在嘶喊的大理石上
給升滿的星條旗看　給不朽看　給雲看
麥堅利堡是浪花已塑成碑林的陸上太平洋
一幅悲天泣地的大浮雕　掛入死亡最黑的背景
七萬個故事焚毀於白色不安的顫慄
史密斯　威廉斯　當落日燒紅滿野芒果林于昏暮
神都將急急離去　星也落盡
你們是哪裡也不去了
太平洋陰森的海底是沒有門的

【鑑賞】這首詩于一九六七年獲得國際桂冠詩人協會榮譽獎及菲律賓總統金牌獎。一九六九年，羅門出席在菲召開的第一屆世界詩人大會，大會主席尤遜在開會典禮上，曾當著數百位來自美國、蘇聯等五〇多個國家代表讚譽說：「羅門的《麥堅利堡》是近代的偉大作品」。

這首詩，除題序外，共分五節。

詩一開始便有一種凄涼的氣氛。詩人用擬人化手法，給抽象的「戰爭」賦予了實體的塑造，使兩種時空交錯在一起。現場的「哭」與當年殘害生靈的「笑」，是兩相對立的情感，鮮明的對比給全詩造成諷刺。這七萬座大理石牌，既標志著太平洋悲壯的戰況，也象徵了人類悲慘的命運。「七萬個靈魂陷落在比睡眠還深的地帶」，讓讀者具體感受到一個冷漠得幾乎不可觸及的時空領域。

在羅門的理念中，強調透過詩去追踪人的生命。當他把自我理念放射到現實層面，去剖析戰爭背後所蘊藏的悲劇與痛苦時，他所關心的仍然是生命的存在問題。在第二節，詩中出現的史密斯與威廉斯，是美國人常見的名字，在這裡代表七萬個死者。詩人在再現麥堅利堡凄涼悲慘景象的同時，連續提出詰問：「在死亡的喧噪裡，你們的手呢／血已把偉大的紀念冲洗了出來／戰爭都哭了　偉大它爲什麼不笑」？「哪裡是你們童幼時眼睛常去玩的地方」？透過這些令人震驚的詰問，企圖在戰爭中尋找人的生命的存在與定位，詩中的字字句句都凝結著美國陣亡戰士的血和淚呵！這節詩中的空間的呈現，是由遠（「太平洋的浪」）而近（「七萬朵十字花」）再由近（「馬尼拉海灣」）而更遠（「你們童幼時眼睛常去玩的地方」），詩中這種空間的變化，把詩人在那特殊環境中的無限感懷和滿腔悲涼，恰如其分的襯顯出來。

在第三節，寫出站在這座陳列著七萬十字架的大墳園上，刹那間在意識中浮現出來的情景。麥堅利堡，萬籟俱寂，「鳥都不叫了　樹葉也怕動／凡是聲音都會使這裡的靜默受擊出血」。詩人在「體物」上是如此精細入微。這種顫慄性的寂然情景，是與全詩中所表現的「凄涼」與「茫然」之境是相呼應的。如今，這一莊嚴肅穆的紀念地，不過是「死者的花園　活人的風景區」而已。在這充滿諷刺性的氣氛下使人感到了死亡的重壓。詩人通過多重的感官經驗，營造了一連串時間意象，如「空間與空間絕緣　時間逃離鐘表」（暗示時間的靜止），

「靜止如取下擺心的錶面／看不清歲月的臉」（暗示歲月的停滯），「在日光的夜裡　星滅的晚上」（暗示亡魂眼中的白晝）詩人塑造出一個永恒的靜態悲劇，使我們走進去又走了出來，身上已披滿了悲涼。

末節，即第五節，呈現在讀者面前的是「一幅悲天泣地的大浮雕　掛入死亡最黑的背景」。這節詩的意象有了更爲深層的意義。正當讀者的感情湧出激越的高潮，「太平洋陰森的海底是沒有門的」，詩沉重地嘎然而止，造成強有力的震撼效果，不但充滿了死亡的壓迫感，而且還迫使人類反省戰爭的意義和價值。

縱觀全詩，《麥堅利堡》透過戰爭造成的苦難，對于人的存在和尊嚴予以肯定，並對戰爭的價值觀作深入與多向性的剖視。這無疑是有積極意義的。羅門主張：「一首詩的精神意義與價值，往往只由于詩人的心感活動來形成，同時也只能靈悟與感知」。（《時空的回聲》）《麥堅利堡》之所以表現得如此成功，首先是與詩人對於所要表現的戰爭、死亡有深入地體認與感受，具有極銳利的透視力與洞見分不開的。

羅門曾說過：「在戰爭中，人類往往必須以一只手去握住『偉大』與『神聖』，以另一只手去握住滿掌的『血』」。他在《麥堅利堡》這首詩中，表現了這一強烈的悲劇性的感受。的確，這首詩對七萬個生命的關心遠勝于對已過去戰爭的歌頌。詩的字裡行間，充溢著詩人的人道主義精神。因此，美國著名詩人**H**．希阿稱讚它：「羅門的這首詩具有將太平洋凝聚成一滴淚的那種力量。」一首詩是一個獨立的創造。《麥堅利堡》，一座生命的雕象。

※麥堅利堡是紀念第二次大戰期間七萬美軍在太平洋地區戰亡；美國人在馬尼拉城郊，以七萬座大理石十字架，分別刻著死者的出生與名字，非常壯觀也非常凄慘地排列在空曠的綠坡上，展覽著太平洋悲壯的戰況，以及人類悲慘的命運，七萬個彩色的故事，是被死亡永遠埋住了，這個世界在都市喧噪的射程之外，這裡的空靈有著偉大與不安的顫慄，山林的鳥被嚇住都不叫了。靜得多麼可怕，靜得連上帝都感到寂寞不敢留下；馬尼拉海灣在遠遠閃目，芒果林與鳳凰木連綿遍野，景色美得太過憂傷。天藍，旗動，令人肅然起敬；天黑，旗靜，周圍便黯然無聲，被死亡的陰影重壓著……作者本人最近因公赴菲，曾與菲作家施穎洲、亞薇及畫家朱一雄家人往遊此地，並站在史密斯威廉斯的十字架前拍照。

【註】本文收入四川辭書出版社一九九一年出版的『中國新詩名篇鑑賞辭典』。

■作者：詩人詩評家海南大學中文系系主任

冷卻了的悲痛

——讀羅門的《麥堅利堡》

馮麟煌

詩是詩人感知客體訴諸心靈所爆發出來的激情火花。我讀羅門的《麥堅利堡》被受詩中的激情火花所燃燒，深爲詩情的旋響所震動，心海湧起波瀾久久不得平靜，猶如看到那場驚怖的戰爭。

在我所讀過的關於描寫戰爭題材的詩篇中，我覺得《麥堅利堡》是寫得最不同凡響的。這是一門反戰的瑰麗虹美的詩篇，它讓從那場戰爭走過來的人再次溫習和體味那場戰爭，讓沒有經過那場戰爭的人也可以感知那場戰爭，那場人間歷史的悲劇，人類的災難和死亡。它的詩情所具有的魅力無疑是投向讀者心靈的爆響，而又冷峻地引發人們去思索那場戰爭，這種思索因爲時空的關係已經是一種冷卻了的悲痛，悲痛著該如何去尋找和創造一個沒有戰爭只有和平與安寧的世界，這就是《麥堅利堡》在今天所要告訴我們的。

超過偉大的

是人類對偉大已感到茫然

詩的引文拉開了詩的序幕，定下整首詩的題旨和基調，揭示了戰爭與人類、戰爭與和平難於調解的矛盾內涵。那場殘酷的戰爭雖然已經過去許多年許多年了，戰火燃燒過的歲月和太平洋的海水也都早已冷卻，然而當作者也許作爲觀賞風景的旅人踏訪這方以七萬座大理石十字架分別刻著死者名字與出生地極其壯觀而又淒慘地展覽於麥堅利堡曠野上的美軍戰亡公墓時，心情卻是不能冷靜的，他彷彿嗅到那股濃濃的戰爭的火藥味，聽到那場戰爭依然在哭訴，向著天和地，向著上帝在哭訴，又彷彿看到那場戰爭當年猙獰的狂笑，可怕的死亡的狂笑。七萬顆靈魂就是被這瘋狂的炮火的「笑聲」埋葬的。

> 戰爭坐在此哭誰
> 它的笑聲　曾使七萬個靈魂陷落在比睡眠還深的地帶

兩行詩起頭，獨成一節，以兩個反義字「哭」和「笑」帶出，就非常形象非常感情地展現了那場戰爭的殘酷和慘烈以及給人類帶來災難深重的痛苦和悲傷。這痛苦和悲傷是再也不能彌合了，一切美好的失去再也不能挽回：「史密斯　威廉斯　煙花節光榮伸不出手來接你們回家／你們的名字運回故鄉　比入冬的海水還冷／……／血已把偉大的紀念沖洗了出來／戰爭都哭了　偉大它爲什麼不笑」能笑得起來麼，偉大？上帝也都救不了他們，只能眼睛發愣，看著那慘白的七萬朵十字花「在風中不動　在雨裡也不動」，站成永遠的沈默和死寂，站作遊客的景觀。死者過去美好的一切只能讓遊人代作叩問的追憶：「那裡是你們童幼時眼睛常去玩的地方／那地方藏有春日的錄音帶與彩色的幻燈片」這從另一面也強烈地反映出活著的人們反對戰爭的呼聲和對和平美好生活的嚮往和追求。

「麥堅利堡　鳥都不叫了　樹葉也怕動／……空間與空間絕緣　時間逃離鐘表」詩情奔

湧著進入抒情的深層，推出一個特寫的「靜」字。靜靜的廣場，靜靜的綠，靜靜的白，靜靜的美麗，卻不是人間的樂園，不是，而是「死者的花園」。作者通過製造墓地死靜的氛圍，進一步渲染那場戰爭帶來的死亡災難的悲劇性。其悲劇可叫人神崩魂碎，鳥也驚心，花也濺淚，「凡是聲音都會使這裡的靜默受擊出血」，空間凝固了，時間靜止了，死亡定格在這裡，永恆無聲，也許只有神來光顧吧，這墓園的草地是綠得愴然，綠得憂鬱的，「靜止如取下擺心的錶面　看不清歲月的臉」，一番悲涼淒楚的景緻！

然而，再長的夢也有醒來的時候，即使這死者的「睡」在生者看來是不會「醒」了，但詩人卻使它「醒」了，而且是「睡醒了一個死不透的世界」。那個炮火咆哮屍血遍地的世界，在詩人眼中似是個死世界，但卻死不透，既然死不透，就有復活的希望，生存的希望，在戰火燃燒過的焦土上只要有生命在，有和平的渴望在，就定會生長出芳草和鮮花來，就定會放養和平鴿。世界人民只要在戰爭的災難中覺醒了，戰爭就會被制止的鏟除，美好的和平也就會到來。

然而希望只是希望，期待只是期待，現實卻是很冷酷的。面對這蒼涼茫昏的墓地，看著這死神聚居的人間地獄，還能感慨什麼？「麥堅利堡是浪花已塑成碑林的陸上太平洋／一幅悲天泣地的大浮雕／掛入死亡最黑的背景」悲涼，悲涼，只是無盡的悲涼，只是教人感覺到被死亡重壓著的窒息。此景此情，任你七萬座大理石的嘶喊也不濟於事，這裡神也不敢留步，星也不敢睜眼，史密斯，威廉斯，「你們是那裡也不去了／太平洋陰森的海底是沒有門的」

詩寫到這裡煞然而止，就好像閻王關住鬼門似的更教人感到無比的陰冷與顫慄，進而警醒人們：罪惡的戰爭只有通向災難和死亡，造成人類文明的毀滅，沒有別的出路。詩的結尾一句力敵千鈞，回味無窮。

《麥堅利堡》飽蘊著詩人大海一樣的激情，以極其冷峻深沉的筆觸描繪了那場世界大戰群體悲劇的故事，三十五行有血有肉有聲有色的美麗的語言集結成氣勢磅礡的偉陣，交相輝映，也像是在舉行一場威武雄壯的戰爭。全詩統由哭訴——死靜——凝固（定格）這樣一種肅穆悲壯的情調主線貫串其中；融匯時空聲色爲一體，意象奇異獨具，意境深拓獨到；詩語因景因情而生，壯美多姿而悍煉，如件件珠光寶器擲地作響而生輝。此乃《麥堅利堡》藝術表現手法精湛高超之所在，是同類詩作無與倫比的。《麥堅利堡》不愧爲當代世界詩壇的傑作，不愧於詩人稱號的羅門的最輝煌的成功。

【註】本文撰自文史哲出版社的《羅門蓉子文學世界學術研討會論文集》。

■作者：詩人作家、文學評論家。

第三部份

FORT McKINLEY

麥堅利堡場景

1990年8月18日–21日

作者隨同寶象文化傳播公司ＴＶ拍攝小組飛往馬尼拉，拍攝「麥堅利堡」現場景觀，製作「麥」詩專輯，並在現場朗誦。在公共電視現代詩情節目播出。此次赴菲又寫第二首「麥堅利堡」的詩。

90 8 18

90 8 18

90 8 18

90 8 19

90 8 19

TO THEIR MEMORY
THEIR COUNTRY BRINGS
ITS GRATITUDE AS FLOWERS FOREVER

TO THEIR MEMORY
THEIR COUNTRY BRINGS
GRATITUDE AS FLOWERS FOREVER LIVING

第四部份

FORT McKINLEY

麥堅利堡配圖特輯

海洋學院「海院青年」校刊（1971年3月13期），依「麥堅利堡」詩意象，以20張攝影圖片，凸現該詩內在特殊精神與思想活動的立體空間狀態。

戰爭坐在此哭誰

Here War sits and weeps for the dead.

Thirty thousand souls sink to a realm deeper than sleep.

它的笑聲
會使七萬個靈魂陷落在比睡眠還深的
地帶

太陽已冷
星月已冷
太平洋的浪被炮火煮開也冷了

Cold is the sun, cold the stars and the moon,
Cold lies the Pacific, once seething and sizzling with plunging shells.

史密斯 威廉斯
烟花節光榮伸不出手來接你們回家

Smith, Williams, even glory stretches no arms to welcome you home.

Your names, telegraphed home, were colder than the wintry sea.
Betrayed by death, God is helpless about your helplessness.

你們的名字運回故鄉
比入冬的海水還冷
在死亡的喧噪裏 你們的無救
上帝又能說什麼

血已將偉大的紀念冲洗了出來
戰爭都哭了　偉大它爲什麼不笑

The negative of greatness was developed in blood.
Here even War himself cries and greatness smiles not.

七萬朵十字花
圍成園　排成林　繞成百合的村

Thousands of crosses bloom into an orchard, a lily lane,

在風中不動　在雨裏不動
沉默給馬尼拉海灣看
蒼白給遊客們的照相機看

Unshaken against the wind, against the rain,
Silent to the gaze of Manila Bay and pale
To the tourists' lenses. Smith, Williams,
On the confused lense of death,
Where is the landscape often visited by youthful eyes?
Where was kept the records and slides of spring?

史密斯　威廉斯
在死亡紊亂的鏡面上　我只想知道
那裡是你們童幼時眼睛常去玩的地方
那地方藏有春日的錄音帶與彩色的幻燈片

麥堅利堡
鳥都不叫了　樹葉也怕動
凡是聲音都會使這裡的靜默受擊出血

MacKinley Fort, where birds have no heart to sing
And leaves, no heart to dance around,
Any sound will stab the silence and make it bleed.

空間與空間絕緣　時間逃離鐘錶
這裡比灰暗的天地線還少說話
永恆無聲
美麗的無音房
死者的花園　活人的風景區

Here is a space beyond space, time beyond clock.
Here even the speechless grey horizon speaks more than the dead.
Sound-proof garden of the dead, scenery of the living,

神來過　敬仰來過　汽車與都市也來過
而史密斯　威廉斯　你們是不來也不去了
靜止如取下擺心的錶面　看不清歲月的臉

Here, where God comes and also come the motor-cars and the town,
Smith and Williams will neither come nor leave.
Motionless as a dial without a clock, sightless as the face of years,

在日光的夜裡　星滅的晚上
你們的盲睛不分季節的睡着
睡醒了一個死不透的世界
睡熟了麥堅利堡綠得格外憂鬱
的草場

In the darkness of high noon, in the starlessness of the night,
Their eyes are shut upon the seasons and the years,
Upon a world that never dies a complete death,
And a green lawn, green beyond any grief.

Here death reaps a rich harvest in the marble fields,

死神將聖品擠滿在嘶喊的大理石上

Where gaze the stars and stripes, timelessness and clouds.

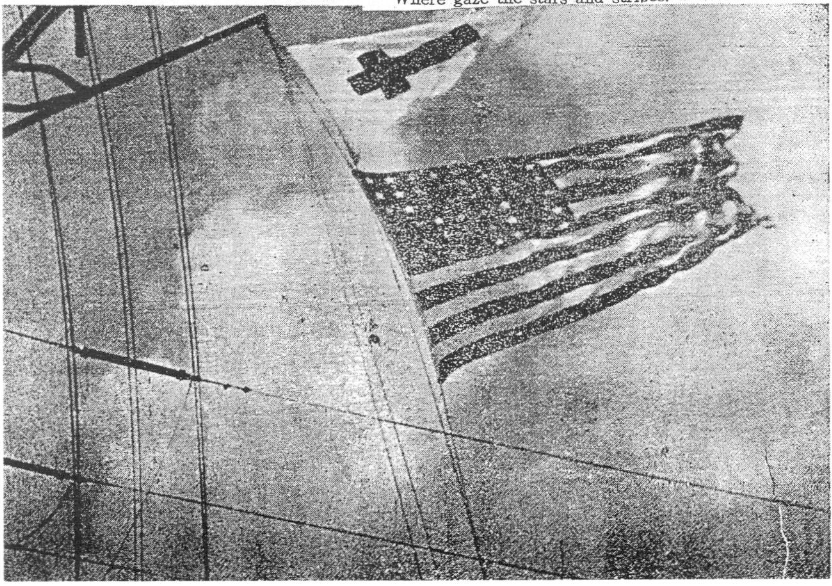

給升滿的星條旗看　給無救的眼睛看　給雲看

麥堅利堡是浪花已塑成碑林的陸上太平洋
一幅悲天泣地的大浮彫　掛入死亡最黑的背景

MacKinley Fort, where white crosses dash on white crosses
As dash the white surfs againt the Pacific coast,
Where a great bas-relief of compassion is silhouetted
Against the blackest background of black doom,

Thirty thousand stories are burning in white restlessness.

七萬個故事焚毀於白色不安的顫慄

Smith, Williams, when sunset sets the mango groves on wildfire.

史密斯　威廉斯
當落日燒紅遍野芒菓林於昏暮

神都將急急離去　星也落盡

Even God is ready to depart, and stars fall in a downpour.

You cannot go anywhere, anywhere.
There is no door to the grim bottom of the Pacific.

你們是那裡也不去了
太平洋陰森的海底是沒有門的

第五部份

FORT McKINLEY

麥　堅　利　堡

- 答辯合評的 20 項問題
- 「麥堅利堡」詩寫後記
- 「麥堅利堡」詩九年後
- 「麥堅利堡」詩重要記事

一直躺在血裏的「麥堅利堡」

——二十九年後，我與風與雨
又來看你！

一

麥堅利堡
戰火有沒有在海底熄滅
又要你跑到波斯灣去打聽
而死亡在這裏　卻一直沒有死
風雨中的天空　暗成一塊黑板
你用數不盡的十字架
寫下那麼多加號
究竟要把世界加到那裏去
砲彈炸彈加上血　等於死亡

砲聲哭聲加上嘶喊　等於死亡
祈求哀禱加上安息　等於死亡
史密斯威廉斯加上喬治　都等於死亡
只有插在風雨中的星條旗旗桿
是唯一劃在空中的一個減號
能不能減去滿天的愁容

問風　風淒
問雨　雨苦
問沉睡在石碑上的一排排不朽
　它連看都不看
要不是來旅遊的摩登女郎
把紅嘴脣紅指甲與紅寶石
　紅到太平洋海底裏去
誰會想起
那七萬條被炸彈炸碎的生命
　在海底用血釀造著

槍口炮口傷口喝不盡的紅葡萄酒

既然自粉盒中白出來的臉
已白過了十字架
從快速攝影機中
取出來的那部歷史
也只當作旅遊風景看
麥堅利堡　還有什麼能超過
這裏的遊興
當飛機與遊輪不斷運著假期
從太平洋的海上經過
有沒有人問　你在海底
什麼時候收假

二

滿目白茫茫的十字花
在風雨中開

越開越白
　越白越茫
再多的照相機
也收割不了
即使收割下來
也沒有地方放
禮拜堂　已放有百合花
夜總會　已放有夜來香
安理會代表們的胸前　已插有紅玫瑰
殯儀館的門前　　已放滿白菊花
而一直躺在血裏的麥堅利堡
你只是一片白茫茫死不了的死亡
　一盆開在時空之外的盆景
要放　只能放在上帝的窗口

【註】七十九年八月下旬應寶象文化傳播機構邀請，隨同他們的TV拍攝小組，專程飛往馬尼拉拍攝本人於二十多前寫的那首〈麥堅利堡〉詩中的「麥堅利堡」現場景觀，我並在現場朗誦此詩。在拍

攝的幾天中，正面臨颱風，拍攝工作有時遇上風雨，相當感人，故又動筆寫了這首重見「麥堅利堡」的詩。

民國八〇（一九九一）年八月

麥堅利堡與羅門

和權

詩人羅門於本年八月十八日來菲拍攝寶象文化實業有限公司製作的「詩人影集」（按他是該公司邀請拍攝影集的第一位詩人）。羅門與四人工作小組，在馬尼拉「麥堅利堡」的淒風苦雨中，拍攝了預定記錄的鏡頭，於廿二日返臺。

寶象公司，何以花那麼多的人力財力，專程來岷拍攝詩人影集呢？在這功利社會，怎值得勞師動衆來爲一位詩人拍攝影集呢？這豈不令人深覺得奇怪？也許，吾人捧讀了羅門表現傑出的「麥堅利堡」後，就不會奇怪寶象公司由臺北派工作小組，特來馬尼拉拍「詩人影集」了。

「麥堅利堡」，不僅是羅門氣魄宏偉的作品，也是建立他國際詩壇之地位的巨構型作品。詩人、詩評家或著名文藝評論家，諸如鄭明俐、虞君質、張健、王潤華、敻虹、苦苓、菩提、張堃等人，讀過「麥」詩後，都寫下了他們內心的激動及讚美的言詞。此外，美國女詩人仙蒂·希兒（HYACINTHE HILL）、美國詩人高肯教授（W. M. COHEN）、美國詩人李萊·墨焚博士（LERRY HAFEA）、美國詩人維廉·巴特博士（WILLIAM BARD），以及多位其他國家的著名詩人、學者，也曾由衷地讚嘆過「麥」詩。甚至主席在開會典禮上曾當著數百位來自美國、蘇聯等五十多個國家代表，讚說：「羅門的『麥堅利堡』詩，是近代的偉大作品，已榮獲菲總統金牌詩獎。」

「麥堅利堡」，是詩人羅門以赤子之誠，以悲壯、悲憫的聲調，禮讚第二次世界大戰期間，數萬美軍爲自由與正義而在太平洋地區犧牲的忠骸。

詩人羅門認爲「戰爭是人類生命與文化數千年來所面對的一個含有偉大悲劇性的主題」。「麥」詩，便是詩人面對刻著死者之名字的數萬座大理石十字架，產生空前強烈的悲劇性感受，而一一的注入詩行中的鉅作。以下抄錄部份「麥」詩的佳句：

1.戰爭坐在此哭誰
它的笑聲　曾使七萬個靈魂陷落在
　　比睡眠還深的地帶

2.太陽已冷　星月已冷
太平洋的浪被炮火煮開也都冷了
史密斯　威廉斯
煙花節　光榮伸不出手來接你們回家
你們的名字運回故鄉
比入冬的海水還冷

3.死神將聖品擠滿在嘶喊的大理石上
給昇滿的星條旗看　給不朽看　給雲看

4.你們的盲眼不分季節地睡著
睡醒了一個死不透的世界
睡熟了麥堅利堡綠得格外憂鬱的草場

「麥」時，洞燭了人類精神，也揭開了人類「偉大」與「神聖」的外衣，讓人看清赤裸裸的「死亡」之眞貌。品讀過此詩的廣大讀者，何人不遭受詩中巨大無比的力量所撞擊而無法自己？又有誰人，不在品讀「麥」詩之過程中，產生美感，同時獲得啓示？

女詩人謝馨說：「由於攝影技術的進步與發達，我們可以把現代詩人的影像和風姿拍攝記錄下來，讓大家觀賞並留傳給後世。」誠然，詩人的聲貌將會永遠地留了下來。這是詩人的欣慰，也是詩讀者的福氣。

寶象公司負責人，有感於「麥」詩的宏偉，有感於造就一位眞正詩人的不易，也有感於詩人羅門，是當代少數能以作品的實力來證實一個詩人存在的實力的「中國詩人」之一，故這次不惜花人力財力，派工作小組專程來岷拍攝「詩人影集」，其意義豈是金錢所能衡量的！

馬尼拉市郊埋葬著數萬個悲慘故事的麥堅利堡（FORT MCKINLY）也將因羅門的鉅作及寶象的影集而更加聞名於世界，直到永遠了。

【註】本文發表於一九九〇年八月廿五日菲律賓聯合日報萬象詩刊

■作者：菲律賓名詩人兼寫詩評

「人格」「詩格」交相輝映

謝馨

這是詩人羅門第四次來到菲律賓。

但這一次，他不是來講學，不是來開會，也不是來旅遊、度假，而是來拍電視影片。

詩人竟充當起明星來了，多麼有趣。

原來這是臺北寶象文化公司的一項新穎製作。負責人陳桂珠小姐告訴我：他們計劃拍攝一系列當今最受尊崇、最受喜愛的詩人影集。介紹詩人的作品、日常生活、言行風姿，讓大家能透過螢光幕，更生動親切地感受到詩人的氣質、神韻和品味。換句話說，就是要把一位詩人的「詩格」與「人格」，同時展現給讀者和觀衆。

所謂「學字不如學句、學句不如學意、學意不如學人。」人和詩是同樣，甚且更重要的啊！

我們都想要一睹屈原的眞實面貌，看一看，聽一聽李白、杜甫的風采和聲音，或是欣賞一下李清照的一顰一笑……但這些都是不可能的事了。所幸，由於攝影技術的進步與發達，我們可以把現代詩人的影像和風姿拍攝記錄下來，讓大家觀賞並留傳給後世。

詩人影集放映的長度約二十三分鐘，拍成後，將送交臺灣公共電視安排於臺北電視臺播出。

在詩人影集的系列中，羅門——這位詩藝高超、詩論精湛，當今中國詩壇的佼佼者，是受到寶象公司邀請製作的第一位詩人。負責人陳桂珠女士說：接下去洽談的兩位詩人是周夢蝶和鄭愁予。

羅門影集內當然包括了他多首著名的詩作，像窗、春天的浮雕、及麥堅利堡。在臺北，他們已拍攝了許多珍貴的鏡頭：像羅門和夫人蓉子甜蜜的家居生活。他們充滿藝術氣氛與獨特創思的「燈屋」。羅門的工作情形——寫詩、讀詩、……以及其他諸如踢足球等活動。

在馬尼拉，這部影集主要拍攝的部份就是麥堅利堡。寶象公司，這次一共動員了四位精英，除了負責人陳桂珠小姐外，尚有導演徐忠華，攝影師傅國樑，策畫蘇國興。

終年陽光普照的馬尼拉，這幾天由於颱風過境，風風雨雨。但寶象的工作人員，並沒有因天氣而改變計劃，照常辛勤努力，工作不輟。務必要將一首不朽的詩篇和一位偉大的詩人同時用開麥拉捕入菲林，讓「詩格」與「人格」交相輝映！

【註】本文發表於一九九〇年八月廿日菲律賓聯合日報「萬象詩刊」。

■作者：菲律賓名詩人、兼寫詩評。

答辯「麥堅利堡」詩合的廿項問題

羅　門

看了「笠」卅九期集體合評我「麥堅利堡」的那篇文章，白萩在那篇合評文章中所做的聲明至爲嚴肅：「由於所選的對象是名詩，因此批評的標準要嚴格，既使雞蛋裏挑骨頭也沒有關係，因爲我們現在不是在做鑽石與石頭之分，而是要在鑽石中，檢查裏面有無裂痕、氣泡等等……」；再是我這座造了將近十年的「麥堅利堡」，十年後，能被列爲「名作」，而引起十多位詩人，自十多個不同的心境來談「麥堅利堡」，確使我感到那份榮幸。

（原作照抄）

「麥堅利堡」（本詩發表於五十一年十月二十九日聯合報副刊）

超過偉大的
是人類對偉大已感到茫然

戰爭坐在此哭誰
它的笑聲　曾使七萬個靈魂陷落在比睡眠還深的地帶

太陽已冷　星月已冷　太平洋的浪被炮火煮開也都冷了
史密斯　威廉斯　煙花節光榮伸不出手來接你們回家
你們的名字運回故鄉　比入冬的海水還要冷
在死亡的喧噪裡　你們的無救　上帝又能說什麼

血已把偉大的紀念沖洗了出來
戰爭都哭了　偉大它爲什麼不笑七萬朵十字花　圍成圓　排成林　繞成百合的村
在風中不動　在雨裡也不動
沉默給馬尼拉海灣看　蒼白給遊客們的照相機看
史密斯　威廉斯　在死亡紊亂的鏡面上　我只想知道
　　那裡是你們童幼時眼睛常去玩的地方
　那地方藏有春日的錄音帶與彩色的幻燈片

麥堅利堡　鳥都不叫了　樹葉也怕動
凡是聲音都會使這裡的靜默受擊出血
空間與空間絕緣　時間逃離鐘錶
這裡比灰暗的天地線還少說話　永恆無聲

美麗的無音房　死者的花園　活人的風景區
神來過　敬仰來過　汽車與都市也都來過
而史密斯　威廉斯　你們是不來也不去了
靜止如取下擺心的錶面　看不清歲月的臉
在日光的夜裡　星滅的晚上
你們的盲睛不分季節地睡著
睡醒了一個死不透的世界
睡熟了麥堅利堡綠得格外憂鬱的草場

死神將聖品擠滿在嘶喊的大理石上
給升滿的星條旗看　給不朽看　給雲看
麥堅利堡是浪花已塑成碑林的陸上太平洋
一幅悲天泣地的大浮雕　掛入死亡最黑的背景
七萬個故事焚毀於白色不安的顫慄
史密斯　威廉斯　當落日燒紅滿野芒果林於昏暮
神都將急急離去　星也落盡
你們是那裡也不去了

太平洋陰森的海底是沒有門的

【註】麥堅利堡（MCKINLY FORT）是紀念第二次大戰期間七萬美軍在太平洋地區戰亡；美國人在馬尼拉城郊，以七萬座大理石十字架，分別刻著死者的出生地與名字，非常壯觀也非常凄慘地排列在空曠的綠坡上，展覽著太平洋悲壯的戰況，以及人類悲慘的命運，七萬個彩色的故事，是被死亡永遠埋住了，這個世界在都市喧噪的射程之外，這裏的空靈有著偉大與不安的戰慄，山林的鳥被嚇住都不叫了，靜得多麼可怕，靜得連上帝都感到寂寞不敢留下；馬尼拉海灣在遠處閃目，芒果林與鳳凰木連綿遍野，景色美得太過憂傷，天藍，旗動，令人肅然起敬；天黑，旗靜，周圍便黯然無聲，被死亡的感覺重壓著……作者本人最近因公赴菲，曾與菲華作家施穎洲，亞薇及畫家朱一雄等往遊此地，並站在史密斯威廉斯的十字架前拍照。

(1) **詩人白萩認為這首詩前面用了「超過偉大的，是人類對偉大已感到茫然」這句話不通，應寫成「超過偉大的，是人類對偉大已感到厭惡」。**

而我覺得如果用了「茫然」不通，則用了「厭惡」也不通。其實兩者都通，而我之所以用「茫然」而不用「厭惡」，不只因「厭惡」兩字，缺乏創意，更主要的是如果那句話用了「厭惡」，則在那句話的後邊，應是由海明威等人簽名，因爲「厭惡」兩字不能透現我這首詩特殊的精神意識。他們在戰爭中厭惡用「偉大」與「光榮」等名詞甚至否定這些名詞的意義；而我有我自己對事物與生命感知的方向，上帝既給我們任何人以一顆自由思考與創造的心靈，爲什麼我們要不加深思地隨便站入別人精神的投影中去表態呢？我不認爲人類從那不可避免的慘重的傷亡中所接過來的「偉大」與「光榮」都是沒有意義的。當然我站在人類良知與性靈活動的深一層的看見中，確也感到透過那慘重的傷亡去歌頌「偉大」這件事，並不是輕易的。在此，我只是順著上帝的眼睛，將這莊嚴的悲劇性的實況迫現在這首詩中，讓「偉大」與「痛苦」兩種力量在人類眞實性靈活動的深處相對視。「偉大」便像是自人類仰慕的精神中聳立起來的「大理石石柱」；而七萬個有父母、妻子、兄弟、子女的生命靜靜地沉入太平洋陰冷孤寂的海底，這一悲慘的情景，則像是一把「鋼鋸」，重重地壓在那「大理石石柱」上，於一拉之際，火花閃處，「偉大」確被顫動了甚至受傷了；同時一種莊嚴的悲壯的力量便也自心靈的底層昇起，使「偉大」的形象在那可見的淚光中，顯出有點模糊與茫然之狀了。這就是我在那句話中之所以用「茫然」兩字，以表現人類精神在同時擁抱「偉大」與「痛苦」兩種力量時，所產生的這一強烈且更具偉大性的悲劇感受，這種感受，使我們在歸返生之根源的途徑上，便也有著更深入的觸及與永恒的看見了。因此我覺得那句含有強烈悲劇性與莊嚴感的話，用在「麥」詩的前面，它不但通了，而且幾乎是等於把整首詩的精神世界之「總開關」打通了。如果依白萩的意見用了「厭惡」兩字，便等於把這座明明是我自建的獨特的精神建築物變爲是向海明威等人租來的。

(2)**白萩認為「麥」詩開頭的兩句「戰爭坐在此哭誰，它的笑聲曾使七萬個靈魂陷落在比睡**

眠還深的地帶」，前句是現在式，下一句是過去式，思考不夠清晰，會使人誤會戰爭仍在進行。

我認爲這兩句詩與現在式過去式都無關，因爲詩句中的「此」字顯是指麥堅利堡墳境，那麼經擬人化的「戰爭」坐在墳境上哭，顯然「戰爭」這兩字，在此處絕不會是指正在進行中的戰爭，而且這首詩聲明是爲紀念戰爭已過去的麥堅利堡而寫的，可見這兩句詩與現在式與過去式都無關；只與人類永恆的人道與同情心有關。

(3)**白萩認為「空間與空間絕緣，時間逃離鐘錶」兩句詩後邊的一句也有疑問他認為時間本來不受鐘錶的囿禁，沒有鐘錶，時間還是照常過去。**

我覺得白萩不太留意詩中的全面情景，以及事物在深一層活動的動靜，致忽視作者扭轉與濃縮時空存在的質感以適應當時特殊心勢活動之意圖——顯然這兩句詩不外是在刻劃墳場當時所形成的時空的孤寂感。不錯，時間在觀念上確是如白萩所說的不受鐘錶的囿禁；但我們可不要忘了，任何一個張目活著的人，手上都是帶有錶的（或借看火車站前的鐘），從鐘錶上看歲月流轉，看太陽的行程，看自己與旁人不斷地廻旋且逐漸變速在時間（鐘錶）廻旋的圓面上；可是麥堅利堡公墓這種地方是不出產鐘錶的，也不開設鐘錶店，七萬條生命沉入陰冷的太平洋海底，他們都從此不帶錶了，這裏的世界，正是陷入詩人白萩所認爲的那種情景『沒有鐘錶，時間仍是過去它的。』，可是也正就是因爲它過去它的，或停下來它的，連上帝也不知道如何去對時了，這種茫然的感覺，便正是那句詩所產生的給出力與投射力，重重地給心靈以一種反過來的回擊。可是白萩不但放過了這一具有現代思考力與創造性的語言，所工作入時空險境之動能及其根向生命深處之延伸力，而且更妙的是我正好是將白萩他手中拿住的球踢了出去。

(4) **白萩認為「血已把偉大的紀念冲洗了出來」這句詩中的「偉大的紀念」是指麥堅利堡那座建築，若用來同照相連結很牽強。**

而我卻認爲可以，因爲我這裏所指的「偉大的紀念」，顯然是指麥堅利堡這被人類所紀念與歌頌的偉大精神的形象。那麼由「洗相片藥水」與「萬物形象」之關係，去聯想到這一被紀念的偉大精神之形象是用莊嚴的血冲洗出來的，有何牽強呢？

(5) **白萩認為「在死亡紊亂的鏡面上，我只想知道　那裡是你們童幼時眼睛常去玩的地方，那地方藏有春日的錄音帶與彩色的幻燈片……」這幾句詩讀起來很彆扭。**

可是我每次朗讀這首詩時，讀到這幾句，便覺得音樂的律動性最強，而且這處也是全詩中射出強光的地方之一，的確，當整首詩直線形地順著現場的感受，發展在那無限地沉寂陰暗與淒冷的情景下，這幾句詩確像是特別從記憶中反方向上打過來的一道試探性的溫馨的光，但它只亮了一下便立刻過去了，使剛才的那種沉寂陰暗與淒冷的感覺在強烈的對比中也顯得更甚了。

(6) **白萩認為把「美麗的無音房，死者的花園，活人的風景區」的前一句用來比喻麥堅利堡墳地是不恰當的。**

而我用了那句直喻的詩，其聯想力是源自落幕後的音樂廳、聾者之耳、停屍間、棺材等空間感覺，至於用形容詞「美麗的」，那是來自現場的景緻。

(7)白荻認為「麥堅利堡是浪花已塑成碑林的陸上太平洋」這句詩不能建立比喻的關聯性。

這一點我也不能同意，首先我們知道七萬座大理石十字架形成那片白茫茫的碑林，展佈在那遼濶的平面空間裏，給於我們視覺上的感受，是有理由去聯想成滿海的浪花的。於是，詩句中的「浪花」與「碑林」，在聯想中是有轉化成相似性的可能的；同時由於「浪花」是開在那埋在七萬條生命的（海的）太平洋上，「碑林」所形成的浪花是開在那埋住七萬個亡魂的「陸上太平洋（比喻的）」上的，所以「浪花」與「碑林」、「太平洋」與「麥堅利堡」不但在外在的視覺上，通過聯想作用有其相似性，就是在靈視上，也可看見它們彼此如光影相連，可見這句詩是清楚地在我們的感知中，表明著時空的變位——麥堅利堡是太平洋的浪花已凝塑成碑林（另一活動形態的浪花）的陸上太平洋。此刻我們能不爲這種空間變位而動心？當太平洋的浪花（無論它是因砲火或那一陣風或自己開的）已換位成碑林的那種更茫然的「浪花」；海上的太平洋已換位成陸上那個更寂然的「太平洋」；一個流動的空間就這樣活活變成了一個凝固的死的空間，使世界呈露出它更沉寂的靜態。因而我覺得這句詩不但行得通，而且是一直往時空與生命的深處走。

(8)白荻認為「煙花節光榮伸不出手來接你們回家，你們的名字運回故鄉比入冬的海水還冷」

這二句詩前面的一句之「煙花節」同「光榮」兩字無關，而用「歡樂」兩字較好，詩人林宗源也認為「光榮」兩字可去掉並認為這句詩不通，名詩不能犯不通的錯誤。

其實此處所指的「煙花節」很明顯是設造的名詞——它象徵著一個含有慶祝與狂歡情景而放煙火的日子。那麼勝利是光榮的，是理應在煙花節接受慶祝與歡呼的，可是一想到太平洋的海低那麼深、那麼冷、那麼暗，「光榮」的手臂如何伸進去呢？可見這句詩是透過我精神活動所體認的三種層次之第三層次（「他死了，天堂、銅像、紀念館，安慰的是我們」）的感知而緣起的。的確，站在人類心靈的更深入與眞實的方向上對著麥堅利堡這淒涼的景象，對著上帝，我們來注視「永恒」「偉大」與「光榮」的容貌，我雖不能完全同意海明威在此刻對這些神聖與莊嚴的容貌表以否定的態度。可是我確也以心眼看見，當人類（包括上帝在內）注視它們時，是含有看不見的淚的。如此看來，怎能說這句詩不妥或不通呢？若照白萩的建議將「光榮」兩字改爲「歡愉」，則表面上看來雖較協調些，可是從裏邊看，則整首詩詩境的內涵與張力便形減弱了。

(9) **詩人凱若認為「日光的夜裡，星滅的晚上」這兩句詩指的是美國與日本？**

我眞想不通他會聯想到那上面去，如果詩評家張健也那樣想，我相信他對「麥」詩的佳評，不但要重寫，而且寫不下去了。本來這句詩的後邊緊跟著「你的盲睛不分季節地睡著」，已是爲讀者的聯想定了向，並裝上「保險帶」。很明顯的那是透過對死亡世界作冷靜的注視，使時空變位成那種可能：時空對於死者來說，不僅是無星的晚上是黑暗的，就是有太陽的白晝也仍是夜，於是「他們的盲睛不分季節地睡著……」形成一種永夜的感覺，這也就是順著當時的情景，大膽地改變時空活動的秩序與狀態，給心靈所俯視的孤寂世界予以更充足的實力，使時空之幕上，再加上一層黑色……。這種覺察，同一個詩人與讀者的「內視」力有關。

(10) **詩人傅敏認為「你的名字運回故鄉比入冬的海水還冷」這句詩的「比入冬的海水還冷」用得不當，使人感到適其反的效果，理由是除了極帶冬天的海水是溫暖的。**

我寫這句詩時，只直覺到七萬條生命沉入太平洋陰冷的海底，我的聯想便很自然地去觸及那些與周圍環境有關的眞切的東西，所以我也很自然地用「海水」做爲那密接關係的聯想材料，至於加上「入冬」兩字，那除了加強「水」的冷度，同時更是帶來一層時間上莫明的鄉愁，於無形中增加那愁慘的氣氛，且加深了心靈的感受……而傅敏卻離開慣常的直覺，以實驗室的分析態度去欣賞，說冬天的海水除了極地（可見冬天的海水仍是有冷的）其他地方都是溫暖的，這叫我們如何能同意他批評這句詩的意見？

(11) **詩人明台認為「你們是不來也不去了」與「你們是那裡也不去了」兩句詩顯得雜蕪。**

我認爲這的確涉及一個讀者對語言的感知與覺知的問題。當然這兩句詩如果擺在一起，實在不太妥當，可是前一句是放在整首詩的第三段，緊接著「神來過，敬仰來過，汽車與都市也來過」這句詩下來，形成人世與墳地生死動靜強烈對比的生存空間；後一句是放在整首詩最後一段，緊扣住這首詩的末句之前「太平洋陰森的海底是沒有門的」，而形成全詩最後的一道堅實的梯級，將末句所凝聚成全詩的力點，推上那只能以心靈與精神去觸及的極限……像這樣的串聯與秩序，怎能說爲蕪雜呢？這的確使人擔心字典上的形容詞在運用時全失去它們的意義。我倒希望詩人明台去想想詩評家張健先生爲什麼會說這樣的話：「這是堅實的力作（指「麥」詩），結構頗爲緊密，如果像這樣長的詩，一有塌陷之感，作者的心血便白耗了，但這首詩似乎也是在「『風中不動，在雨中不動的……』」，如果像明台說這兩句詩是蕪雜的，那我的心血卻眞的要白耗了，可是這兩句詩，才是眞正能提高我心血價格的，留美詩人張錯也特別喜歡詩中的這兩句，我相信他不但已把握到這兩句詩語言的機能、純度與潔度，同時更感知這兩句詩是如此直接地作用入對象的「心」位。本來這兩句詩只是一個非常單純的動作狀態，可是它確較什麼都快速地迫使一個交不出距離的「空間」死去——「你是不來也不去了」；更迫使那找不到「空間」駐留下來的「時間」也停頓而死去！——「你們是那裏也不去了」，造成一絕對靜止與空寂的世界，呈露出墳地當時的情景，將生命重重壓住不能動。

(12) **詩人陳鴻森認為「這裡比天地線還少說話，永恒無聲」這兩句詩相矛盾。**

而我實在看不出有何矛盾的地方。前一句是刻劃當時外在世界的靜，後一句是表現當時由外在而引起內在世界的靜，不但沒有矛盾，而且相呼應：麥堅利堡是墳境，「天地線」是掛在天與地極目處的那條可見但永不可觸及的線，兩者相對望，默視而無言；天地線是那種漠遠且茫然得毫無音息的東西，而麥堅利堡此刻則較之更靜得沒有聲音了，在這種寂寥的情景下，我們唯一能呼喚的是一切隱退之後由我們心靈深處浮昇的永恒，而「永恒無聲」，於是在當時形成一種內靜與外靜的全靜感覺，頗像兩個同心圓是同圓心地滾到整首詩所轉動的那個空寂與肅穆的大圓裏去，那裡會有不協調與矛盾的現象呢？

(13)**詩人桓夫認為『神來過，敬仰來過，汽車與都市也來過』這句詩是直敘的明喻，除了話義沒有將想像力帶到較強烈的深沉的地方。**

我覺得桓夫對現代詩語言的探索面，涉及得不夠廣，才會覺得這類詩句只是語義與明喻的，而忽略了現代詩語言具有創造性與實驗性的那一面，其實目前的現代詩已有這種傾向（而在十年前已爲我用上），那就是有時不太重視那具有局限的形式，而採取直接地進入對象眞位的表現方法，注重實感性的效果，而不去咬什麼明喻暗喻意象與象徵等固定的形式了，主要的還是看你的語言是否有效且迅速地驚動生命與一切事物較深入與豐富的地方。譬如我這句詩對語言材料的製作是含有實驗性與創造性的，就是將抽象觀念與具體事物都混合在一起，馴服它們之間存在的關係與性能，使之形成那表面看來非常不協調而動向卻一致的衝突面（都市、汽車、神與敬仰），帶著多種意義不同的爭吵的聲音去驚動「史密斯威廉斯你們是不來也不去了」這一全然啞默的世界。但這一切有形的、無形的、具象的、抽象的存在與動靜，對於麥堅利堡，尤其是在太陽西下萬籟俱寂的時刻，都似乎是不太動於中了，此刻誰能說出人的裏邊是深深地沉向那一種感受之中。

本來單獨抽出一句詩來判視是不太適宜的，因爲它的效果往往是不斷增強在它前後詩句甚至整首詩所密接成的整體的關聯性中。

(15)**詩人鄭烱明認為「你們的盲睛不分季節地睡著，睡醒了一個死不透的世界」詩中的後一句語義曖昧，應寫成「睡成了一個死不透的世界」才夠清楚。**

我覺得這又是由於各人對事情與語言的判視力不同而需求也無法同。像鄭烱明認爲應寫「睡成……」，那是一種至爲普通與缺乏創見性的寫法，也是任何人都不難達到的效果：那就是表現英雄們雖永遠地安息在這一孤寂的世界中，可是他們偉大的英魂仍沒有死。而我要把握的不止是這一伸手便可抓住的正面的效果。當詩句中那個「醒」字被用上，整句詩的活動，便也突然地躍進且工作入新的效果中——因爲睡是靜的，在靜的極處，靜的本身在我們的感覺中是最動的，而且是一種令人「驚顫」的動，所以當那七萬條生命睡入太平洋陰森的海底，睡入沉靜的時空裏，睡得越沉，便是越使那個死不透的世界驚醒過來。於是這個「醒」字，不但較「成」字能交出時空存在那種更逼人更具體且富顫慄性的力量，而且使詩境也提昇入較高的活動層次。

(16)**詩人陳鴻森認為整首詩強調靜，而後面又讀到「嘶喊的大理石」等句，顯得很不協調。**

我覺得這又是由於各人對事物的感受與觀察之層次不同而引起。不錯，由於現場的情景，我在「麥」詩中確是以「靜」來控制整首詩之「脈膊」與「呼吸系統」的。但如果認為詩中用了「嘶喊的大理石……」便是破壞了詩中的靜境，有礙這首詩的協調，那確是由於對事物只做了表面化不夠深入的觀察。事實上，這是透過情境表面化的「相拒性」而在裏邊抓住且製造它們之間在不同方向上活動的新的統一性——可不是嗎？如果是在吵吵鬧鬧的地方，而不是在麥堅利堡墳地這一蒙上濃重寂感的靜中，如何能引起詩人透過內在的靈聽，而聽見那本來冰冷無言的大理石，也發出那驚動到人類靈智中去的聲音：「死神將聖品擠滿在嘶喊的大理石上」？這聲音不但不會破壞詩中的靜境，事實上「嘶喊的大理石」反而是將靜推入無邊的靜中之推力，這情形，頗像是將一塊石擊入一個寂靜的湖中去，那聲響便形成那靜的世界之心臟或一面鏡子。

(17)**詩人鄭烱明認為「戰爭都哭了，偉大為什麼不笑」這句詩沒有思考的脈絡破壞了習慣性的語型，令人不能同意。**

我卻也不以爲然，思考的脈絡已是很明顯：本來戰爭在進行它冷酷的殺害時，它是發出狂笑的，可是當它完成了殺害，使七萬條生命沉入了太平洋陰森的海底，這種慘景，連「戰爭」本身都感動而哭了。而這種體認唯有探入深一層的人性之根源才會覺察的；也唯有透過這一體認，才能眞正了解戰爭的莊嚴性偉大性及其深一層的意義；至於第二句「偉大爲什麼不笑」便是接著「戰爭都哭了」，而進一步向人類存在的命運進行著悲劇性的質詢的。的確，當「偉大」在此刻，被七萬條生命躺在太平洋陰冷的海底所形成的那股悲慘的力量壓住，它怎能在我們的仰望中全然笑開來呢？這種反問，不但不影響思考的脈絡，反而使詩的語言在運作中獲致一種回折的深度，啓開了一個更具有僵持張力的精神活動面，至於這句詩於必要時破壞了習慣性的語型，在我看來，不一定是錯的，如果能在穩定語義的原則下，去更變語言活動的機能與形態，並產生新的效果，我便不認爲這是破壞，反而是一種創造了。

此外，在集體批評文章中提及的，也向讀者附加說明一下：

(1)詩人白萩說我自認這首詩與T·S艾略特的「荒地」一樣偉大……，事實上，對於這首詩我從未自認過什麼，或許是白萩弄錯了，其實是我的另一首詩：「都市之死」（轉載於五九年七月號「作品」雜誌）英譯後，（葉維廉在他選譯當代中國詩人作品的選集中也曾譯這首詩）爲一位教比較文學的美籍教授卜少夫博士所重視，當然他也是一位研究艾略特同時也喜欣詩與偶而寫詩的一位學人，他在評介這首詩的一段文字中寫著：「Lome' Privatelv imagined world is enlarged in "Death of the city" to cover all society. The Poem is very nearly a Chinese version of Eliot's "the Wasteland" in its themes of unrelenting speed, conformity, and spiritual aridity……」，這段話中有一句的意思是說這首詩近似是中文的T·S艾略特的「荒原」，也許詩人白萩不知是在那裏看到這段報導，便將它弄錯了。

(2)桓夫說：「羅門的詩我看了很多，選「麥」詩入「華麗島」詩選是因爲除此之外，他並沒有較好的作品……。當然這只是桓夫個人主觀的看法，譬如詩人葉維廉編譯的一本英文版中國現代詩選，選的是我的「第九日的底流」與「都市之死」等作品，卻沒有選「麥堅利堡」，而有些讀者以及寫詩的朋友認爲我的「死亡之塔」是一具有魄力的巨構型的作品，也有些讀者較喜歡我的某些短詩，如「流浪人」、「彈片、TRON的斷腿」、「進入週末的眼睛」、「都市的五角亭」等作品。的確，對於一件作品的偏愛，正像欣賞一個女性美是一樣的，我們可以說自己特別或比較喜歡像林黛玉那種纖細型的女性美，但我們不能說除此之外，像夏威夷健美型的女性美，英格麗保曼端莊型的女性美，都是不美的。

(3)詩人李宗源認爲他最討厭在詩題下附上格言式的語，這一點，我的看法，是視情形而定，盡量少用，但不必完全反對，更用不著討厭。如果能把那句話寫得實在很精彩且傑出不凡，有時反而是有助於讀者對整個詩境之瞭望，但如果沒有必要又沒有那種能力將它寫好，那當然還是免了。總之我是不完全反對必要時在詩題下，偶而加上一兩句具有啓發性與卓見的話的，因爲這情形，很像是在已有門牌號碼的門上，加上「張寓」或「李寓」等字樣是常有的事，不加上去，當然也無所謂，但加上去，也不致有什麼討厭，也許在必要時加上去，反而顯出這「屋子」確是有來頭的，如果是一間小小的「陋屋」還是免了。

當我把集體批評者所指出那塊「鑽石」的「水泡」，與「裂痕」予以一一加驗之後，如果剖視的結果，已能提出充份的理由與根據，使讀者相信那些「水泡」與「裂痕」都是不存在的，那麼這首詩依白萩的聲明它便是一塊沒有「水泡」與「裂痕」的「鑽石」了。同時如果這首詩，能產生像詩人兼詩評家張健所說的「作者對於歷史時空的偉大感、寂寥感都一一的注入那空前悲壯的對象中……這首詩是時空交融，是眞正地受了靈魂的震顫的……」同時又能如詩人兼評論者劉菲所認爲的「『麥』詩是顯示出作者對人類生命在戰爭中熄滅時那種外延的永恒性……」等精神力量時，那麼這塊「鑽石」的品質是否已可信了呢？因爲它確確實實是從人類心靈活動的深層「鑽」出來的，還是留給更多的讀者去作鑑定。

【註】本文是我廿三年前在一九七一年「藍星年刊」發表的「從批評過程中看讀者批評者與作者」中撰用有關「麥堅利堡」詩答辯問題的主要內容。

『麥堅利堡』詩寫後感

羅門

麥堅利堡（Mckinly Fort）是美國軍人公墓，在我參觀該堡之前，心理與精神上都是不設防的，如果事先有所設防，則這首詩就不可能寫成這個樣子了。在我步臨該堡時，只感到內心裡發生一種莫明的戰慄，它是來自那冷寂、悽慘與死滅的世界，並以籠罩性的勢力向我直壓下來，此「壓力」，在歸途上仍不肯鬆手，直至我由馬尼拉返臺北將它寫出來，沈重的心懷才逐漸得到舒暢。

現代詩人往往熱於追找的，便是那個在人類內心世界裡活動的戰慄的性靈——它是一種富於現代精神奧秘感的東西，有極大的誘惑力，而且極端的自由，不受觀念與理念世界的束縛，也不受學問與智識的拖累，更不受主知或主情等無關緊要的問題干擾；它是詩人「心感」的全面活動，純粹精神往來的佳境。『麥堅利堡』詩便是在心理與精神都來不及設防的情況下、觀念還未張目之前、便去將這個「戰慄的性靈世界」擒住不放的作品。這個「戰慄的性靈世界」，原來便是躲在麥堅利堡那「偉大」與「不朽」的紀念裡邊，被死亡、空漠、冷寂的力量控制住，被我們習慣上的歌頌遮蓋住，最後終也被我精神的透視力，將它奧秘中的眞境全部揭露了出來。

可見我寫『麥堅利堡』詩時，精神所站的位置，不僅是站在創作對象的正面，而且站在創作對象的四面與內面，去作整體性的觀察，將心感活動如一面鏡置在事件發展的全面而非片面的終局上，緊握住精神交互的縱橫面。結果發覺，那歌頌的激情，竟自然地在慘重死亡所引起的戰慄感裡低沉下來，一種極度沉痛的力量便也從底下起升，將「偉大」與「不朽」推到次要的地位……在這裡「讓我引用本詩後記對麥堅利堡的實況簡述，它也許可證實我的想法。

麥堅利堡（Fort Mckinly）是紀念第二次大戰期間七萬美軍在太平洋地區戰亡；美國人在馬尼拉城郊，以七萬座大理石十字架，分別刻著死者的出生與名字，非常壯觀也非常凄慘地排列在空曠的綠坡上，展覽著太平洋悲壯的戰況，以及人類悲慘的命運，七萬個彩色的故事，是被死亡永遠埋住了，這個世界在都市喧噪的射程之外，這裡的空靈有著偉大與不安的顫慄，山林的鳥被嚇住都不叫了。靜得多麼可怕，靜得連上帝都感到寂寞不敢留下；馬尼拉海灣在遠處閃目，芒果林與鳳凰木連綿遍野，景色美得太過憂傷。天藍，旗動，令人肅然起敬；天黑，旗靜，周圍便黯然無聲，被死亡的陰影重壓著。

這段後記所描寫的情景，像是低壓在「麥堅利堡」上永遠散不開的陰雲，一個詩人的內在如果不被其籠罩住，思想上，也不從人類這一悲劇的全部終局裡去追究，則他的精神便只是與創作對象做著部份的碰擊，而非整體的，更非深入的。

我寫『麥堅利堡』雖不像有些詩人，只是正面地去作歌頌（因爲像有些不經過人內在眞實性靈步入的慣常性的歌頌，往往與人眞實的心感活動隔了一層），但我也不像海明威那樣認爲「偉大與不朽」完全是空洞的東西，（也許海明威在慘烈的戰爭中，對痛苦體驗得夠深了）海明威在『戰地春夢』裡以抨擊的語調描寫著：『神聖、光榮、犧牲等等字眼，一直使我覺得非常窘迫……然而我卻從未見過任何神聖的東西……所謂犧牲也只好像是芝加哥的屠宰場……』自海明威悲劇世界所發出的過激的論調，它雖較某些空乏的歌頌接近人類眞實性靈的活動面，但他對偉大不朽與神聖進行過份的否定，我在『麥堅利堡』詩中，雖不敢說是糾正了他偏激的觀點，至少態度較其接近客觀與公平，我是將人類從慘重的犧牲與恐怖的死亡中，接過來的贈品——「偉大與不朽」仍不被否定地留在那裡，然後叫人類站在悲劇命運的總結局上去注視它，去盯住那些沈痛與不幸的情景，所產生精神不安的戰慄，究竟是如何逐漸地超越與籠罩了「偉大與不朽」的光彩。所以我在『麥堅利堡』詩中，不斷使用「人類內在性靈沈痛的嘶喊」當作一把尖銳的鋼鋸，放在「偉大與不朽」的石柱上，在用力一拉之際，火花起處，人們便可看清「偉大與不朽」在慘重死亡的恐怖裡確是受傷了，人們往往握住它，像握住亡妻的手……

煙花節光榮伸不出手來接你們回家
你們的名字　運回故鄉比入冬的海水還冷
在死亡紊亂的鏡面上　我只想知道
　那裡是你們童幼時眼睛常去玩的地方

那地方藏有春日的錄音帶與彩色的幻燈片

神來過　敬仰來過　汽車與都市也來過
而史密斯　威廉斯　你們是不來也不去了

當這些頗像電影上兩個對照鏡頭般的詩句，在相對的位置，不斷向「偉大與不朽」迫供：「究竟是屬爲何物何色」之際，永恒便也在受重擊下昏迷了過去；一個是上帝既無法處理也無法導演的悲劇便相連貫通了『麥堅利堡』全詩，形成沈痛至極的悲劇形態——上帝造人，本是要人和平相處，可是人在一起，常避免不了紛爭，被命運與處境推到死亡的邊緣去拚命，這些事上帝是既阻止不了，也是不可奈何的。當然，爲正義與自由而戰，有時是必須的，但在事件悲慘的總結局裡，人也難免陷在極度的痛苦中，對一切事物感到茫然了！『麥堅利堡』詩，如果在藝術精神上，也有它活動的核心世界，則此世界便是被這一個逃避不了的不幸的事實圍困著——它確知戰爭在某些時候要來，來的時候，人與上帝一樣的在死亡與恐怖中沈默，而「偉大與不朽」也不過是飄在或照在陰暗的死亡之海上的浮標與燈塔……此刻，如果有人提出『麥堅利堡』詩，是充分地表現了人道的精神，幾乎是在替上帝說話，我確找不出理由來反對它，只覺得他是站在較一般的視道上，他應該更聽見「戰爭、死亡、偉大」此三種糾纏物在『麥堅利堡』詩中交響的主題曲所自然傾向的「死亡恐怖的戰慄感」，是如何以它擴展與氾濫的力量，將時空與人推倒在「沈痛」的渾沌中；此刻，人到底是抓穩了或是抓不穩那「偉大與不朽」在陰暗的死亡之海所擲下的浮木？這問題必須由每個人對著上帝來回答了；然而事實上，人類往往是必須與被迫去在上帝也無法阻止的情況下，去面對被命運與處境迫向死亡的恐怖之海，因此，造成了歷史上光榮的慘劇，「偉大與不朽」也在沈痛的記憶裡顯得不安……『麥堅利堡』詩便是被「戰爭、死亡、偉大」的爭論，困在人類重大無比的悲劇世界裡，上帝也常因此感到憂愁，因爲人類到達那光榮的彼岸，常必須經由死神那裡，而人類又常必須那樣……關於此慘況，『麥堅利堡』詩，它只是一面鏡，準確地透視著人類命運所遭受的困境，反射出走動在人類性靈裡邊眞實的劇痛與奧秘，它不須去加重或減輕什麼，它只順著痛苦的智慧與上帝也看得見的事實走去。

其實，在純藝術的觀點上，我對『麥堅利堡』詩中的精神形態，所作的分析與自剖，似乎仍不該說是主要的方面；我想如何去把握與表現它，方是對詩本身的探究較有價值。但恕我不去談表現技巧上所冠以的某種主義，因爲如果把冠在技巧上的『主義』兩字（諸如意象主義，象徵主義，抽象主義，超現實主義）去掉，換用『精神』兩字，則對我寫『麥堅利堡』詩似乎更有利，執筆時可不受技巧上『主義』的束縛，可視情形自由地運用上述技巧的性能。顯然的，我的注意力是集中在如何去把握全詩中戰慄感的氣氛，如何去控制「死亡」與「沈痛」在詩中的活動力，如何使每一句詩都沈浸在強烈的悲劇性中，如何使全詩產生出整體性的精神戰慄感應面……等等，這些才是我藝術上必須努力去解決的。

首先，我該如何去表現詩中「悲劇的戰慄性？」：試看摘錄下的獨句爲例：

戰爭坐在此哭誰
在死亡的喧噪裡　你們的無救　上帝又能說什麼
血已把偉大的紀念冲洗了出來
死神將聖品擠滿在嘶喊的大理石上
七萬個故事焚毀於白色不安的戰慄

其次是「時間的戰慄性」：在此，任何人必須覺察時間的活動，只是「死亡」的呼吸，人透過沈痛的感受對於過去與未來，已感到時間的戰慄與茫然，試看摘錄下來的獨句爲例：

在死亡紊亂的鏡面上　我只想知道
那裡是你們童幼時眼睛常去玩的地方
這裡比灰暗的天地線還少說話　永恒無聲
靜止如取下擺心的錶面　看不清歲月的臉

在日光的夜裡　星滅的晚上

你們的盲睛不分季節地睡著

至於『空間的戰慄性』：我則必須小心地把握住那個被死亡感覺重壓下的靜態世界，使精神活動在可怕與絕對的寂寥感裡，發覺到空間的茫然與戰慄。試看摘錄下來的獨句爲例：

七萬朵十字花　圍成園　排成林　繞成百合的村

在風中不動　在雨中也不動

麥堅利堡　鳥都不叫了　樹葉也怕動

凡是聲音都會使這裡的靜默受擊出血

美麗的無音房　死者的花園　活人的風景區

麥堅利堡是浪花已塑成碑林的陸上太平洋　一幅悲天泣地的大浮雕　掛入死亡最黑的背景

至於『時空交感的戰慄性』：在此我必須集中精神，注意它在詩中由始至終所產生出逐漸增強的悲劇氣氛，以及在它交感的情景裡，那不斷向極點醞釀與擴展的「沈痛」，是帶著如何一種不可抗拒的默擊力，佔領了廣遠的悲劇世界。亦試看摘錄下來的獨句爲例：

它的笑聲　曾使七萬個靈魂陷落在比睡眠還深的地帶

史密斯　威廉斯　在死亡紊亂的鏡面上　我只想知道
　　那裡是你們童幼時眼睛常去玩的地方
那地方藏有春日的錄音帶與彩色的幻燈片

你們的盲睛不分季節地睡著
睡醒了一個死不透的世界
睡熟了麥堅利堡綠得格外憂鬱的草場

史密斯　威廉斯　當落日燒紅滿野芒果林於昏暮
神都將急急離去　星也落盡
你們是那裡也不去了

太平洋陰森的海底是沒有門的

最後是「悲劇、時間、空間」交感成『麥堅利堡』詩中全面性的戰慄感，我一連串的工作焦點：除了上面已說過的，便是如何對「時空、永恆陷在沈痛的昏迷中」之把握；如何對

「被死亡絕緣了的無聲世界的空漠感及寂寥感」之控制；如何將悲壯的麥堅利堡裝入莊嚴的悽切感之中，然後送到靜穆與遼濶的悲劇世界裡去；如何使每句詩都形成爲墳地裡的落葉聲，驚動死亡世界之耳；如何使詩的意境都形成爲冬夜裡遙遠的寒星，俯視死亡世界之目；如何使全詩悲劇的「氣氛建築」逐漸向最高的頂點造起來——像一幢瑟縮在雪夜與荒站裡的酒店，心靈便成爲『沈痛世界』的狂醉者……我是如此希望『麥堅利堡』詩無論是在創作過程與結局上，都進入了上述的工作焦點，像站在一面有了準確性的鏡裡，至於它是否那樣去完成與達到理想，這只好也只能聽從讀者們的批評與指教了！我在上面列舉了詩中不少的獨句爲例，那不過是從全詩中每一部份裡取下的一些樣品，看看它們是否都經過精神注血；是否被敲擊時都能發出生命的聲響；是否在做爲『麥堅利堡』詩悲劇世界支柱時，有足夠的力量；是否都能成爲人類心靈，思想，情感活動的眞實的回應；是否在其獨自與全體相互間的活動性能上皆產生出良好的戰慄性，作用全詩；……這種種都不過是對全詩的各部份做測試的工作；事實上，我仍必須集中注意力到：全詩在爲「美與痛苦」工作的過程中，究竟在人心上所產生那連續不斷的襲擊力有多大，因爲那『連續不斷的襲擊力』，往往便就是一首詩以「智慧·人性·美透過藝術表現所結合成的宇宙，通過奇妙的傳達技巧，送到讀者心感世界裡去的贈品——此贈品，本來站在純藝術觀上，除了『美』，是不宜含有他物的，連「智慧」與「人性」也不宜混到藝術表現的前臺去，因爲『美』的本身就是『美』，什麼也分折不了它，除了感受。但事實上，現代藝術與現代詩已成爲擲擊現代人戰慄性靈的匕首，套住現代人內在的韁繩；『美』如果沒有人的「智慧與性靈」滲透在內，它便將成美的空殼子，所以『麥堅利堡』詩，是牢牢地繫在「人本藝術」的世界裡，成爲現代人沈痛內在的追擊物，投射現代人戰慄性靈的利器；而非陷入純藝術的形相世界，去成爲「美、只就是美」的玩賞物。現代是深沈的！現代作家必須聽進去卡繆的話：「我們必須同時服役於美與痛苦」，可見凡是與現代人內在性靈缺少磨擦力的一切『美』的活動，則勢必與現代人的關係缺少良好的連繫，甚至斷絕！

于一九六三年（收入「第九日的底流」詩集）

對九年前寫「麥堅利堡」這首詩的感想

羅門

九年前，我在完成這首詩時，已同時寫了一篇文章，說明我寫這首詩的過程，我相信不少讀者曾讀過那篇文章，九年後我仍要爲這首詩再說一些什麼呢？當然，我不能來說，這首詩偉大或不偉大，傑出或不傑出，因爲那是屬於讀者與批評者的事，而我只能來談這首詩的本身，它站在我創作的基本觀點上究竟有那些較特殊的地方值得我去再說與補充說的：

首先我必須指出這首詩因受制於當時麥堅利堡墳地一種強烈的悲劇情景，所以它工作的重心，不會偏向爲藝術而藝術的純粹效果；它是勢必踩住「美」與「沉痛的心靈」之雙軌，使「美」透過人存在悲劇感的昂貴的「酵素」之醞釀，而意圖產生精神上深一層的滿足。此刻，詩中所要求的「美」只能相互存在於整首詩悲劇精神不斷向內延伸與完成的傾向中，這也就是說「美」與「沉痛」兩種勢力在這首詩中已像是「陽光」與「投影」存在於一致的空間裏不可分割。這種創作傾向，本來就是我一直重視甚至強調的：「我覺得詩與一切藝術不外是爲了給予一切生命與事物之存在與活動以完美的形式，可是更重要的還是因爲『人』尤其是『作者自己』必須也在那形式裏」。那麼面對這一特別關心到「人」的創作情況，上面的要求，當然便也更甚了。站在純科學的觀點上看，一隻不載人的太空船能帶回月球上的東西，雖較載人的太空船帶回月球上的東西，技術上也許高明些（但也不見得），可是當

ARMSTRONG第一腳踏住月球的那一刹，那種使人感動與驚喜不已的感覺，確是更甚於前者且不可說明了——我製造這個例子，相信它同詩人藝術家強調「詩與藝術純粹性」，或強調「詩與藝術純粹性必須透過甚至受制於人類精神活動的深入性」，是相當有關且形成很妙的對照的。記得有一位彫塑家讓機器爲他完成了一件直柱形的作品時，他卻認定地必須親自用自己（人）的手將它的頂端擊斷，最後讓「人」的直接力進入，這種精神上的覺醒，也使我在詩與藝術的創作世界中，更確定了我在上面已認的觀點：一切創作方法都只是爲了去指出作者心靈中深一層的不凡的看見，如果作者心靈中根本沒有那種引起人類驚目的深一層的不凡的看見，那麼方法又如何使作者成爲那久久地站在時空中被人類驚目地注視的不凡的對象呢？如果有人認爲一個詩人或藝術家沒有或缺乏氣質、才華與生命力，只靠在方法上耍花樣，能使作品獲致眞正的偉大感與永恒感，那實在是在作夢了，因爲如果單是方法在變來變去，詩人氣質不高，生命退潮，心靈虛弱，詩人如何能確實活動在精神較高的層次而觸及不凡與偉大呢？我同意在詩與其他文藝的創作世界裏，巧妙的方法與技巧，它確能使任何平凡的東西，透過作者那具有偉大感受力的不凡的心靈而轉變成爲偉大與不凡的東西（如獲諾貝爾獎的「等待果陀」一書中，許多平凡與瑣碎的東西一被作者觸及，都成了那埋在人類生命深處的種種金屬的樣品，鳴響著令人驚心的迴聲）；可是它怎樣也不能使平凡的東西，透過鄉愿感受力虛弱且平凡的心靈而形成爲偉大不凡的東西的。可見方法雖重要，但更重要的卻不是方法，因爲方法是不斷會變的（尤其是現代藝術）如果方法裏邊沒有抓住一些來自精神方向的恒久性的東西——也就是沒有放進作者一己那探向生命與事物根源的獨特的精神潛力，那麼方法改變了，作品本身的生命豈不也隨著方法之過去而也成爲過去了嗎？杜甫、李白、里爾克、莎士比亞、托爾斯泰……等所使用的語言與方法，較諸目前現代作家所使用的，缺乏現代感，也許已顯有不合時宜之處；但他們爲什麼仍能以偉大之態像貝多芬那樣牢牢地站在永恒的時空中？理由便就在此了——因爲他的「方法」潛藏著人類心靈中深遠的永恒的看見，我們全人類便也因此永遠的看見他。我說了這許多，只是因爲我寫在九年前的這首詩，在九年後被十多位詩人重提出來討論，引起我再去從這首詩的創作世界產生一些有關的看法，我不是在此自認這首詩在我所強調的創作趨向上，已有什麼可炫耀的表現，而只是希望讀者順著這一趨向，來探索這首詩——

(1)整首詩的意象語在詩中所展佈的投射力與所匯注的圍壓力，是否已無形中結合成一重重地壓到人類性靈深處的壓力面，使讀者在讀完這首詩過後的整體性感受中，感到精神有一種莫明的戰慄？如果有，那麼這種力量，在九年之後，是否仍紮根在文字中不肯離去，如果確是這樣，是否就已證實這首詩已使「方法」指出了詩人心靈在直感世界中的深一層的「看見」，同時這「看見」也在時空中永遠對著我們看。

(2)這首詩既是表現我在下午已近黃昏時刻參觀「麥堅利堡」那孤寂凄愴的境地的感受，那麼我究竟在這首詩中是如何利用我內在的視聽，去把握住那來自視覺與聽覺中的靜境，製作與建立起多層次感覺的時空效果，使之成爲整首詩特殊精神活動的堅實環境。當我們進入了這環境，世界是否不斷地將我們驚醒在那種沉寂陰冷的悽光中？如果是，這首詩是否已達到那要求：將戰慄性的美，建立在精神的深度中？

(3)這首詩如果有它的精神（非預定的思想與觀念）動向，那它便是透過當時實況與實境之傳眞，給予讀者感受上一種內延力，引著讀者自波動的心感之「海」，終於回到「岸」，有所觸及，有所看見——也就是使讀者在心感的全面活動中，最後擁抱到一個可感知的精神的實體——也就是說這首詩究竟是如何在那個緊緊扣住人類生命內在的直感世界中，使一種來自心靈的內聚力，形成一個「方向」或一根「釣線」，在無形中對準生命存在與活動的眞位：「絕不會有人站在上帝的天國中說戰爭是快樂的事，也絕不會有人能眞的把戰爭從人類世界中反對掉（包括那痛斥戰爭是芝加哥宰豬場的海明威在內，雖然他得過諾貝爾獎）。可見「戰爭」在上帝的眼睛中，是祂自己不忍心看而人類往往不能不去看的一幕偉大的悲劇，也因此可見這首詩是超越了一般性的精神審視面，而以靈目看到：在戰爭中，人類以一隻手握到了偉大，另一隻手必須同時握住滿掌的血，而人類往往必須那樣做，沒有別的更好的選擇。顯然，這首詩所透現的精神，既是不同於海明威，當然也不同於有些人對「偉大」兩字缺乏深思所做的歌頌。而它是站在人類眞實性靈活動的深處，將「偉大」與「人類悲劇性的心靈」注視成那種更爲眞實感人且含有永恒性的悲壯情景，如果讀者在讀完這首詩過後的整體性感受中，能或多或少地觸及這一特殊精神活動的實境，這首詩所製作的美感，是更滿足到那些對生命存在具有深入感受力的心靈的。至於這首詩是否在材料（語言、技巧）完成那渾然的感受面之後，材料退出去，而仍有一種夠壯濶與深入的力量，引讀者探進生命存在之根源，而觸及「偉大」與「永恒」的某些地方呢？這問題只能留給各種讀者去回答了。我只能在此提醒讀者的是：作品的偉大感與永恒性，幾乎是那些爲方法而方法或唯美派的作家往往不易甚至無法獲致的，因爲他們不太曉得將生命推在生存的帶有悲劇性的抗力上，去建立那個不但驚動「克羅齊」而且也驚動到上帝的世界。

(4)這首詩的結構與氣勢如果能如詩評家張健所說的：『結構頗爲嚴密，如果這樣長的一首詩，一有塌陷之感，作者的心血便白耗了，但這首詩似乎也是在風中不動、在雨中不動的……這首詩氣魄宏壯，表現傑出，而且眞正地使人感到自己讀了這首詩就是身歷了那座莊穆而興起「前不見古人後不見來者」的紀念堡』。那麼這首詩是否已是一座堅實且夠龐大的「生命建築」，而且被永恆的時空以及人類的心靈所俯視著呢？即使集體批評者圖在這座「建築」的建材中抽出一些他們認爲有毛病的「磚塊」來，可是經過判視與指認之後，如果讀者已覺得那些毛病都不存在時，那麼這首詩是否已使其部份與整體已串聯成頗嚴密的結構來，如詩評家張健所指認的呢？

(5)顯然這首詩的形態是比較壯濶與粗獷的，並非爲完成藝術純粹性與精緻美的作品，它是企圖使所有的詩句都通過那條由A、B兩個世界所交成的主力線而直達那令使心靈感到顫慄性的美的世界（如附圖）。如果有人圖到這世界來採「水仙花」，那實在是找錯了

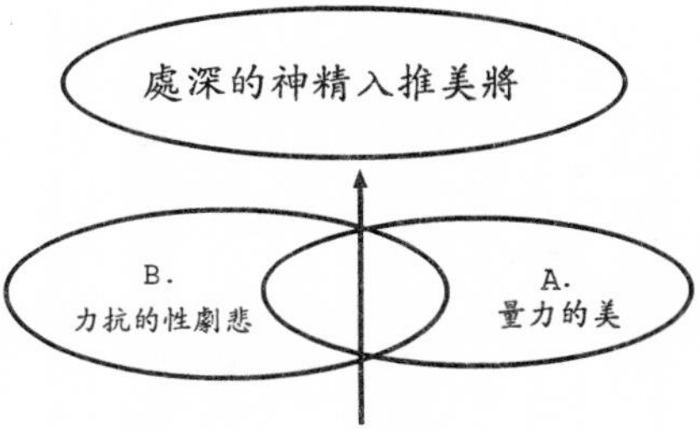

方向。在這裡讀者也許會看到那些詩句像湧動的群浪，在茫然的時空中圍擊著一座孤寂的生命之島，要它交出感人的迴響；或者看到那些詩句像樹立的石柱，在壯濶的時空中，要一座巍然的生命建築，交出它感人的形象；或者看到那些詩句像垂下的鋼索，在空漠的時空中緊緊地將一個沉重感人的「悲劇世界」吊向精神存在的高處……。在這種情景下，我確有充分的理由去回答曾有一位詩人這樣問過我：「羅門，爲什麼你使用的詩句總是那麼緊張？」，可是它能不緊張嗎？當那些詩句像鋼索將一沉重的精神之物往高處吊上去或往深處放下去的時候，怎能露出鈎針線與繡花的玉手來呢？至於在創作上，採取「內功式」的表現，確可把大部份緊張的感覺隱藏在動作裡邊，但是採取「拳擊式」的表現時，動作能不緊張嗎？可見「緊張」與「不緊張」只是不同的動作所呈現的形態與特性，主要的還是在那「動作」本身所載運的實力，譬如拳王喬魯易的每一拳雖驚人地緊張，但用力之大，出拳之妙與帥，則更爲驚人了，而且是拳拳都狠狠地擊向「生命」的要害。

(6)

目前的詩壇，無論是語言或技巧的表現上確已有了某些新的探向與進展，這種變是文學與藝術發展的很自然的現象，而且是必須的，值得我們不斷的去實驗與創造。可是回過頭去看九年前寫的這首詩，那些詩句它是否仍像「群浪」「石柱」與「鋼索」那樣——

分別襲擊著那座生命之島，樹立著那座生命之建築；往上吊起那個悲劇的世界？是否使那座「島」、那座「建築」，那個「悲劇世界」在沉向過去了的漠遠的時空，仍繼續以某種消滅不了的形象與迴音，驚顫著人類內在的視聽？如果有，那麼這首詩是否已觸及了生命存在之根源，而獲得它否定不了的某種存在呢？縱使若干年後，藝術形態不斷的變，它是否具有某些超越性仍能同其他不同形態的具有超越性的作品一併存在呢？也就是說這首詩是否已多少觸及了創作精神世界中的某些「偉大」與「不凡」的地方？甚至進入「前進中的永恒」之境。無論如何，這都永遠是各種讀者與批評者去做論定的事，或者更可靠的辦法是交給「時間」。

【註】這首詩在憑弔二次世界大戰千千萬萬人被埋在這孤寂陰冷的墳地裡，尤其是接近黃昏時刻，遊客已散，太陽西沉，萬籟俱寂，如此悽涼的情景，人類在此刻歌頌「偉大」的心情，怎能不受另一種更感人的力量所影響呢？這便是偉大人性的自然流露，即使是當時殺人的日本軍閥如今面對著這種情景，也會不禁黯然的。可見這首詩是受制於當時實況，已超越且遠離了一般情境而根向永恒的人性之深處發展的——它是將「偉大感」與「悲劇性」在此刻已不能不同時存在於人類心靈中的兩種力量，對視在一起，使人類在心底清楚地看到自兩者之間昇越起來的那種更爲眞實與偉大的「顫動」。因此我猜想這首詩之所以能引起國內外詩人們的注意，絕非是偏於爲藝術而藝術的純粹美那方面，而是較偏於它能使人類在心靈中獲到那超越後的最後之眞實，把「美」建立在深一層的感知與滿足上——也就是說詩中所交給讀者的感受層，除了企求讀者於接受「美」外，

同時更感受到那襲入人類生命深遠世界中去的某些莊嚴甚至永恒與偉大的東西。

一九七一年（本文發表於一九七一年「藍星年刊」）

「麥堅利堡」詩重要記事

- 「麥堅利堡」詩由余光中教授譯成英文，一九六六年獲得菲律賓總統金牌獎，該譯詩後來發表在一九六八年冬——春季號國際桂冠詩人大型刊物（LAUREL LEADES）。
- 「麥堅利堡」詩由榮之穎教授譯成英文，選入榮教授一九七一年出版英文版著作「Modern Verse from Taiwan」
- 「麥堅利堡」詩由韓籍教授譯成韓文選入韓國一九七二年出版的「世界文學選集」詩類。
- 「麥堅利堡」詩由日籍教授入江恭子譯成日文，選入日本若樹書房一九七一年編選的日文詩選「華麗島詩選集」
- 「麥堅利堡」詩由菲律賓作家施約翰翻譯成英文，收入愛荷華大學的國際作家寫作計劃資料中心。
- 「麥堅利堡」詩由美國第三屆世界詩人大會主席匈牙利籍詩人卜納德博士翻譯成德文。
- 「麥堅利堡」詩收入數十種詩選集。
- 「麥堅利堡」詩，被評論家撰文評論達廿次之多（包括整篇論文與部份評論文章）。
- 「麥堅利堡」詩，曾在菲律賓第一屆世界詩人大會，美國第三屆世界詩人大會，韓國第四次世界詩人大會上朗誦，以及在愛荷華大學「國際作家寫作計劃」會議、水牛城紐約州立大學、香港大學、大陸多所著名大學與泰國、菲律賓等地文藝界朗誦。

● 「麥堅利堡」詩，曾被榮之穎教授在美國奧立岡大學、林明暉教授在美國俄亥俄大學用作過教材。詩人張錯一九七一年在美國華大任教時，也曾在班上朗讀與講解此詩。詩人蘇凌在國外修碩士學位詩，以「麥堅利堡」詩寫學期論文報告，英文題目是：「The Inonic World in Lomon's Mckinley Fort」

● 「麥堅利堡」詩，曾被詩人集體討論與合評。

● 「麥堅利堡」詩，曾被寶象傳播公司製作小組於一九九〇年八月下旬專程赴菲拍攝，製作專輯，在公共電視節目中播出。

● 「麥堅利堡」是美軍公墓，位在馬尼拉城郊，以此地爲題材寫詩的詩人包括我一共有十二位。

寫在一九六二年前，計有：余光中、覃子豪與羅門

寫在一九八六年後（二四年後），計有：洛夫、辛鬱、張默、向明、蕭蕭、舒暢、流沙河、林泉、明澈……等。

● 一九九〇年我隨同寶象文化傳播公司拍攝小組，赴菲拍「麥堅利堡」詩專輯外景，回臺北又寫了一首有關「麥堅利堡」的詩：『一直躺在血中的麥堅利堡』發表在臺北七十九年（一九九〇）十月份「聯合文學」

國立中央圖書館出版品預行編目資料

《麥堅立堡》特輯 / 羅門編著. -- 初版. -- 臺北市 : 文史哲, 民84
面 ; 公分. -- (羅門創作大系 ; 7)
ISBN 957-547-947-5(平裝)

851.486 84003280

羅門創作大系 ⑦

《麥堅利堡》特輯

編著者：羅　門
出版者：文史哲出版社
登記證字號：行政院新聞局局版臺業字五三三七號
發行人：彭　正　雄
發行所：文史哲出版社
印刷者：文史哲出版社
台北市羅斯福路一段七十二巷四號
郵撥○五一二八八一二彭正雄帳戶
電話：三五一一○二八

實價新台幣二六○元

中華民國八十四年四月十四日初版

版權所有・翻印必究

ISBN 957-547-947-5